Aus meinem Garten

W0223667

Anne Rahn

Aus meinem Garten

LEINPFAD
VERLAG

© Leinpfad Verlag
Frühjahr 2015

Alle Rechte, auch diejenigen der Übersetzung, vorbehalten.
Kein Teil dieses Buches darf in irgendeiner Form (Druck, Fotokopie, Mikrofilm oder ein anderes Verfahren) ohne die schriftliche Genehmigung des Leinpfad Verlages reproduziert oder unter Verwendung elektronischer Systeme verarbeitet, vervielfältigt oder verbreitet werden.

Umschlag: kosa-design, Ingelheim,
mit Fotos von Monika Heilhecker-Winkler: Cover, Rückseite Mitte und rechts, hintere Klappe rechts und links, und vordere Klappe und mit Fotos von Anne Rahn
Fotos: Doris Wichter: S. 16; Lisa Anstatt: S. 41, S. 42; Monika Heilhecker-Winkler: S. 2 links oben und unten, 20 unten links, 46, 71, 72, 73, 86 links oben, 87 links,98 links oben, 99, 100, 101, 103, 104, 106, 108, 109, 112, 113, 117, 118, 120, 121, 122, 124, 125, 126, 127, 130, 133, 134, 136, 137, 138, 142, 143, 146, 149, 150, 159, 167, 168, 175, 190, 192, 201, 205, 214, 216, 217, 218, 219, 220, 221, 223; alle anderen Fotos stammen von Anne Rahn
Layout: kosa-design für Leinpfad Verlag, Ingelheim
Druck: wolf print, Ingelheim

Leinpfad Verlag, Leinpfad 5, 55218 Ingelheim,
Tel. 06132/8369, Fax: 896951
E-Mail: info@leinpfadverlag.de
www.leinpfadverlag.com

ISBN 978-3-945782-01-9

INHALT

Alle Rezepte gelten – wenn nicht anders angegeben – für 4 Personen.

September

Oktober

„Wir haben hier eben drei Monate lang Winter!“

Anne Rahn und ihr Garten

Angelegt hat Anne Rahn ihren Garten Mitte der 80er-Jahre mitten in Rheinhessen in dem Weiler Wahlheimer Hof zwischen Sörgenloch und Hahnheim. Die ersten Entscheidungen fielen aus ganz pragmatischen Gründen: „Wir brauchten Schatten und eine Begrenzung.“ Also wurde ein Nussbaum vor der Terrasse und an der Gartengrenze eine Vogelschutzhecke gepflanzt.

Die Reaktorkatastrophe von Tschernobyl 1986 führte zu einer weiteren Konsequenz: Der Garten sollte naturnah sein. Damals war Anne Rahn nach einer kaufmännischen Ausbildung in erster Linie Hausfrau und Mutter. Wegen ihrer drei kleinen Töchter spritzte sie – wie wir alle – nach Regenfällen die Terrasse mit frischem Wasser ab.

Kurze Zeit später wurde ihr klar, dass sie nicht mehr in ihren erlernten Beruf zurückkehren würde und sie entschloss sich mit 42 Jahren noch einmal, einen Beruf von Grund auf zu erlernen: Gärtnerin wollte sie werden. Sie schaffte es, sowohl ihre Lehrbetriebe wie auch das Ministerium zu überzeugen, dass in ihrem Fall eine Halbtagslehre die einzige Möglichkeit war und absolvierte sie zunächst in einer Staudengärtnerei, dann in einer Baumschule. Anschließend arbeitete sie noch 12 Jahre in einer Staudengärtnerei.

Der nächste Schritt war die Ausbildung zur Gartenführerin beim Dienstleistungszentrum ländlicher Raum (DLR) in Oppenheim, wonach sie sich praktisch mit all ihrem Fachwissen und ihren Erfahrungen und last but not least mit ihrem Garten als Anschauungsmaterial und Lernort selbstständig machte: majoRahn heißt die kleine Firma, die sie zusammen mit ihrem Mann führt. Seit 2004 geben die beiden Gartenkurse, beteiligen sich an den Tagen der offenen Gärten und Anne Rahn schreibt seit 2014 eine Kolumne für die Zeitungen der Verlagsgruppe Rhein-Main (VRM).

Fertig wird ihr Garten wohl nie. Dabei wirkt er schon jetzt so durchdacht, dass man sich kaum noch Verbesserungsmöglichkeiten vorstellen kann. Überblickt man seine 2000 m^2 von der Terrasse aus, befindet sich links der Nutzgarten. In der Mitte liegt der Wohngarten unter dem großen Nussbaum und rechts der Kräutergarten mit seinen buchsumrahmten Beeten und jeder Menge Küchen- und Heilkräuter.

Hat sie ein gärtnerisches Credo? So würde Anne Rahn es nie nennen, aber es gibt ein paar Richtlinien. ‚Nicht um jeden Preis!' ist eine davon. So ist ihr die Widerstandsfähigkeit von Pflanzen wichtig: *„Pflanzen, die ohne chemische Keule nicht auskommen, haben bei mir keine Chance."* Und seien sie noch so schön oder schmeckten noch so gut. Um also Tomaten ohne Braunfäule bis weit in den Oktober hinein ernten zu können, müsste sie den Anblick eines Plastikzelts im Garten ertragen – unmöglich!

Ebenso tabu sind beispielsweise Azaleen und Rhododendren: Sie brauchen ganz andere Böden und ein anderes Klima als Rheinhessen es bietet. Denn: *„Wir haben hier eben drei Monate lang Winter mit manchmal zweistelligen Minustemperaturen!"* Und damit verbieten sich Oliven u. ä. Unglücklich sieht sie dabei nicht

aus: Anne Rahn ist mit dem Wechsel der Jahreszeiten hier sehr einverstanden.

Bestes Beispiel für ihren pragmatischen Blick auf Pflanzen ist die Rote Bete: „*Die Liebe zu Rote Bete hat sich bei mir erst eingestellt, als ich erlebt habe, wie leicht sie sich doch im Garten kultivieren lässt. Sie wird kaum von Krankheiten befallen, hat so gut wie keine Fraßfeinde und stellt kaum Ansprüche an den Boden.*“

Ähnlich unverkrampft geht sie mit Fleisch um: „*Wer selbst Kräuter und Gemüse im Garten hat, kann gut auf Fleisch verzichten. Trotzdem möchten wir ab und zu einen schönen Braten oder eine leckere Wurst essen. Wir haben Hühner im Garten, von denen ab und zu eines geschlachtet wird. Und wir halten Schafe nicht nur zum Anschauen. Sie sind unsere lebenden Rasenmäher auf der Streuobstwiese und liefern gutes Fleisch. Ab und zu gibt es auch mal einen schönen Wildschweinbraten, Rind vom Bauern aus der Umgebung oder eine ganze Pute von der Biomästerei in der Nähe.*“

Ihre Lieblinge sind denn auch die anspruchslosen so unendlich vielfältigen Semperviven (s. S. 85ff), denen sie Miniaturlandschaften und hängende Gärten eingerichtet hat.

Daneben freut sich die begeisterte Hobbyköchin über alles, was im Garten essbar ist: natürlich Kräuter, Obst und Gemüse, aber auch Blüten und Knospen z. B. von Taglilien. Dabei ist sie beim Kochen genauso neugierig und experimentierfreudig wie beim Gärtnern: Ihre eigene Cumberland Soße kocht sie nicht von Johannis- oder Preiselbeeren, sondern aus dem Mus der Kornelkirsche. Und weil dabei die Kerne der Kornelkirsche übrig bleiben, werden sie getrocknet und zu Topfuntersetzern verarbeitet.

Aber ich würde Anne Rahn Unrecht tun, wenn ich sie auf die pragmatische Gärtnerin reduzieren würde: Egal, ob sie im Winter Kräuter und Zapfen in einer Aromapfanne auf den Ofen stellt oder im Juni Rosmarinsirup kocht, von dem sie einen Schuss in den Sekt gibt, oder im Hochsommer ihren Lavendeltag veranstaltet (an dem mit Lavendel gekocht, gebacken und dekoriert wird): Vieles von dem, was sie macht, hat mit Schönheit und Genuss zu tun!

Angelika Schulz-Parthu

Walnüsse im Garten und in der Küche

Rosmarin Cocktail

Aromapfanne

Aromapfanne: Auf dem Ofen steht eine alte Pfanne mit getrockneten Kräutern und Zapfen, die – vor allzu großer Hitze geschützt – auf Steinen liegen, damit sie nicht verbrennen.

Der Garten im Januar

Was soll ich denn im Januar vom Garten berichten? Schnee bedeckt die Erde und Frost hat den Boden erstarren lassen. Es gibt draußen nichts mehr zu tun und außerdem: Es ist viel zu kalt! Lieber bleibe ich in der warmen Stube und mache es mir gemütlich. Im Ofen knistert ein Feuer und darauf steht eine Pfanne mit getrockneten Kräutern und Zapfen. Durch die Wärme öffnen sich die Pflanzenporen und ätherische Öle verbreiten einen Duft, der an die schönen Tage des vergangenen Sommers erinnert.

Walnüsse im Garten

Und dann fällt es mir plötzlich wieder ein: Im Keller stehen ja noch kistenweise Walnüsse vom vergangenen Herbst und warten darauf, geknackt zu werden. Die Ernte war reichlich und das Wetter war feucht. Jeden Tag war ich draußen und habe die heruntergefallenen Nüsse aufgesammelt, damit sie nicht schimmeln.

Für einen Nussbaum muss man viel Platz im Garten einplanen – 100 Quadratmeter beansprucht ein ausgewachsener Baum für sich alleine.

15 Jahre dauert es, bis aus einer Walnuss ein großer Baum herangewachsen ist, der Nüsse trägt. Wer nicht so lange warten möchte, kauft sich in der Baumschule einen veredelten Baum. Dann kann man spätestens nach fünf Jahren Nüsse ernten. Es gibt große Unterschiede im Aussehen und Geschmack, das hängt von der Sorte ab: Manche Nüsse schmecken bitter, manche sind zu klein, manche zu groß. Es gibt sogar Nüsse mit roten Kernen, die den Nussknacker, der nichts davon ahnt, immer wieder in Erstaunen versetzt.

Da fällt doch gerade eine Nuss runter ...

In unserem Garten haben wir zwei Walnussbäume. Beide wurden aus Walnüssen selbst gezogen. Die Laune der Natur hat uns zwei grundverschiedene Bäume beschert: Ein Baum trägt wunderschöne, wohlschmeckende Nüsse mit perfekter Schale – besser geht es nicht. Der andere Baum trägt kleine, bitter schmeckende Nüsse, die sich nur mit großer Anstrengung aus der Schale lösen lassen. Keiner

mag diese Nüsse mehr knacken. Nach einigen Überlegungen haben wir aber dankbare Abnehmer gefunden. Wir sammeln also auch diese Nüsse im Herbst auf, trocknen sie im Heizungskeller und wenn Schnee und Frost es arg treiben, schlagen wir die Nüsse mit einem Hammer entzwei und überlassen alles Weitere den Vögeln oder den Eichhörnchen.

Tipp:

Veredelte Walnussbäume erhalten Sie in guten Baumschulen, besonders wenn sich diese auf Obstbäume spezialisiert haben. Lassen Sie sich dort beraten.
In Biebelnheim/Rheinhessen gibt es eine Walnuss-Veredlungsstelle, die sich auf qualitativ hochwertige Nusssorten spezialisiert hat. Mehr unter www.walnussveredlung.de

Vögel und Eichhörnchen machen sich über die von uns angeknackten Walnüsse her.

WALNÜSSE IN DER KÜCHE

Zwei Monate lang standen die Nüsse im Keller an einem warmen, trockenen Platz, die Kerne sind längst getrocknet und haben einen leicht süßlichen, reifen Geschmack angenommen. Gute Nüsse sollten eine feste, wasserdichte Schale haben, die sie vor Umwelteinflüssen wie Feuchtigkeit und Schädlingen schützt. Aber sie sollten auch leicht zu knacken sein und die Kerne sich gut lösen. In feuchten Jahren muss man peinlich genau darauf achten, dass sich kein Schimmel gebildet hat, denn dieser Schimmel ist gefährlich.

Die Nusskerne werden portionsweise in Gefriertüten verpackt und kommen in den Gefrierschrank. Dort sind sie bis zur nächsten Ernte haltbar.

Walnüsse sind sehr gesund. Ihr hoher Anteil an ungesättigten Fettsäuren, Vitaminen und Mineralstoffen schützt vor Herz- und Kreislauferkrankungen. Es heißt sogar, Nüsse beugen Krebserkrankungen vor. Deshalb sollten sie auch regelmäßig auf dem eigenen Speisezettel stehen.

Im Herbst ist der Schimmel manchmal sehr schwer mit dem bloßen Auge zu erkennen. Deshalb sollte man die Nüsse sehr aufmerksam und bei hellem Licht knacken. Im Januar ist das feine Schimmelgespinst deutlicher zu sehen. Nussschimmel ist gesundheitsgefährdend. Befallene Nüsse müssen weggeworfen werden.

Himmel und Erde nach der Art von majoRahn

Für das Kartoffel-Kürbispüree:

750 g mehligkochende Kartoffeln
1 TL Salz
100 g Joghurt, 10 %
250 g Kürbispüree (Rezept s. S. 191)

Für die Blutwurst:

100 g Walnusskerne
2 EL Rosmarinsirup (Rezept s. S. 10) oder anderer Kräutersirup
1 Ring frische Blutwurst (ca. 500 g)
Dessert-Edelstahlring

Apfelmus: Rezept s. S. 167

Kartoffel-Kürbispüree mit Apfelmus, Blutwurst und karamellisierten Walnüssen

Für das Kartoffel-Kürbispüree die Kartoffeln schälen, waschen und in ¼ l Salzwasser im geschlossenem Topf langsam weich kochen. Das restliche Wasser nicht abgießen, sondern alles mit einem Stampfer zu Brei verarbeiten. Kürbispüree und Joghurt dazugeben und so lange rühren, bis eine feste, breiige Masse entsteht.

Walnüsse in einer Pfanne ohne Fett rösten, bis sie anfangen zu duften. Mit Sirup ablöschen und die Pfanne sofort vom Herd ziehen. Walnüsse gut mit dem Sirup vermischen, abkühlen lassen und hacken. Ein paar Walnusssplitter zum Garnieren auf die Seite legen.

Die Blutwurst gegebenenfalls häuten, in Scheiben schneiden. In einer Pfanne mit wenig Fett anbraten, bis sie auseinanderfällt. Die karamellisierten Walnusskerne untermischen.

Mithilfe von Dessertringen schöne gleichmäßig runde Formen bilden und auf einem Teller anrichten. Dazu das Kartoffel-Kürbispüree und das Apfelmus servieren und mit den beiseitegelegten Nüssen dekorieren.

WALNÜSSE IN DER KÜCHE

Tipp:

Kürbispüree-Reste im Glas: Im Kürbisglas bleibt oft ein Rest übrig. Diesen kann man vielseitig verwerten, z. B. in Kartoffelpuffermischungen, in Gemüsesuppen oder sogar als Beigabe im Backpulver- oder Hefeteig:

Tipp:

Wenn Sie sich einen Dessertring zulegen möchten, empfehle ich, einen mit Auslöser zu wählen. Damit lässt sich die Masse kinderleicht aus der Form drücken.

Kürbisbrötchen aus Briocheteig

300 g Mehl
1 Würfel Hefe
1 EL Zucker
50 ml warme Milch
100 g Kürbispüree (Rezept s. S. 191)
1 Ei
100 g Butter
1 Prise Salz
1 Muffin-Backform

Zu noch warmen Brötchen passt Nussbutter prima!

Mehl in eine Schüssel geben. In der Mitte eine Mulde bilden und Hefe hineinbröckeln. Zucker und Milch darübergeben und mit einem Löffel verrühren. Vorteig 30 Minuten an einem warmen Ort gehen lassen. Wenn die Hefe Blasen wirft, restliche Zutaten dazugeben und so lange durchkneten, bis der Teig reißt. Den Teig eine weitere Stunde gehen lassen, bis er sich auf das doppelte Volumen vergrößert hat. Den Teig erneut kneten und in 6 Portionen teilen. Diese in eine Backform geben und nochmals gehen lassen. Den Ofen auf 180° C erhitzen und die Brötchen in 15 bis 20 Minuten goldbraun backen.
Dieser Teig eignet sich übrigens auch für einen traditionellen Dreikönigskuchen. In eines der Brötchen wird eine Bohne eingebacken. Wer die Bohne findet, ist König für einen Tag und darf die selbst gebastelte Krone behalten.

Zimt-Vanille-Nuss-Butter, scharfe rote Walnuss-Butter und Rosmarin-Zitronen-Walnuss-Butter (v.l.).

Dreierlei Nussbutter

Walnüsse in einer Pfanne ohne Fett heiß werden lassen, bis sie anfangen zu duften. Mit Sirup ablöschen, die Pfanne sofort vom Herd ziehen, abkühlen lassen und die Nüsse im Mixer mahlen. Mit der Butter vermischen.

Grundrezept:

150 g Nüsse
1–2 EL Rosmarin- oder Zitronenverbenensirup (Rezept s. S. 106)
250 g Butter

Rosmarin-Zitronen-Walnussbutter

Knoblauch durch eine Presse drücken, Rosmarinnadeln fein hacken. Mit dem Salz unter das erste Drittel der Butter-Walnussmischung rühren.

1 Knoblauchzehe
1 Zweig Rosmarin
etwas Rosmarin-Zitronen-Salz (Rezept s. S. 219)

Scharfe rote Walnussbutter:

Tomatenhälften abtropfen lassen, sehr fein hacken, mit Harissa mischen und unter das zweite Drittel der Butter-Walnussmischung rühren.

2 getrocknete Tomatenhälften in Öl
1 EL Harissa (Rezept s. S. 202)

1 TL Honig
etwas Zimt
etwas Vanille-Pulver
1 Prise Salz

Süße Zimt-Vanille-Walnuss-Butter

Honig, Vanille, Zimt mit der Prise Salz vermischen und unter das dritte Drittel der Butter-Walnussmischung rühren. Die drei Buttersorten mit einem großen Eisportionierer zu Kugeln formen und zu den Kürbisbrötchen servieren.

Sauna und danach eine kleine Sünde

Das beste Mittel für einen geplagten Rücken und stark beanspruchte Gelenke ist für mich Wärme und nochmals Wärme. Mein Zaubermittel heißt: in die Sauna gehen, vor allem im Winter. Es war für mich also nicht nur purer Luxus, als ich beschloss, im Keller eine Dampfsauna einzurichten. In ihr härte ich mich für die Arbeit in der freien Natur und für jedes Wetter ab. Gleichzeitig tue ich meinen Gelenken etwas Gutes und entspanne mich dabei. Mit in die Sauna nehme ich die Aromapfanne, die ich auf den Saunaofen stelle, damit die Kräuter auch hier ihren Duft verbreiten. Ganz wichtig ist auch eine Kanne mit Kräutertee.
Und wenn meine Freundinnen mit von der Partie sind, gibt es nach dem letzten Saunagang auch noch eine kleine Sünde: einen Rosmarin-Cocktail!

Für 1 Portion
150 ml Pink-Grapefruitsaft
30 ml Wodka
30 ml Rosmarinsirup (Rezept s. S. 106)
einige Eiswürfel
1 Rosmarinzweig

Rosmarin-Cocktail

In ein Longdrinkglas o.ä. zuerst Wodka, dann Sirup und Grapefruitsaft füllen, Eiswürfel dazugeben und mit dem Rosmarinzweig umrühren.

Schneeglöckchen

Sprossen

Schnittlauch

Rezepte mit Sprossen und Rote Bete

SCHNEEGLÖCKCHEN IM GARTEN

Ein ausgehobener Schneeglöckchenhorst mit mehreren Zwiebeletagen

Nicht in jedem Jahr beschert uns der Februar eisige Zeiten, Schnee und Dauerfrost. Manchmal wird es in diesem Monat sogar schon wieder etwas wärmer und dann erwacht der Garten mitten im Winter zu neuem Leben. Überall erscheinen die ersten grünen Spitzen und ehe man sich versieht, blüht es an allen Ecken und Kanten!

Die Schneeglöckchen läuten den Frühling ein. Die hübschen weißen Vorfrühlingsblüher, die zu meinen Lieblingsblumen gehören, haben mich gelehrt, Geduld zu haben. Vor vielen Jahren habe ich mir im Herbst immer wieder mal eine Tüte mit Schneeglöckchenzwiebeln gekauft und sie sofort gesteckt, jedoch ist daraus nie etwas geworden. Bis mir einmal eine Gärtnerin verriet: „Du musst die Zwiebelchen setzten, wenn sie Blätter haben. Egal ob sie schon blühen oder verblüht sind, Hauptsache, du verpflanzt sie frisch!" Der Clou dabei ist nämlich: Die Zwiebeln dürfen nicht austrocknen. Tulpen oder Narzissen macht es nichts aus, wenn sie wochenlang im Verkaufsregal oder Keller lagern, aber Schneeglöckchen nehmen das sehr übel.

Mit diesem Wissen ging ich erneut ans Werk und hatte endlich Erfolg. In einer abgelegenen Ecke des Gartens gab es bereits einen dichten Schneeglöckchen-Horst. Diesen holte ich an einem frostfreien Februartag mit dem Spaten aus dem Boden. Ich musste sehr tief stechen, denn die Zwiebeln waren schon weit nach unten gewachsen und hatten sogar in mehreren Etagen neue Brut angesetzt. Zunächst habe ich die Zwiebeln vereinzelt und in 5er-Gruppen in einen Topf mit Pflanzensubstrat gesteckt (s. Tipp S. 26). Erst als es wieder wärmer wurde, kamen sie auf ihren endgültigen Standplatz. Fünf Jahre hat es dann gedauert, bis sich im Garten vor dem Wohnzimmerfenster ein schöner weißer Schneeglöckchenteppich gebildet hat. Und jedes Jahr im Februar oder März, wenn die Glöckchen wieder aus dem Boden sprießen, hole ich

Ein Schneeglöckchenhorst wächst heran

einen neuen Zwiebelpulk aus dem Boden und erweitere den weißen Teppich. Mit ihm bekommt mein Garten allmählich den Charme eines alten Gartens.

Von der Gattung Schneeglöckchen gibt es nahezu 20 Arten und mindestens 500 verschiedene Sorten. In unseren Gärten findet man meistens nur zwei Arten. Die eine ist das kleine einheimische Schneeglöckchen mit dem Namen *Galanthus nivalis*. Es blüht in der Zeit von Januar bis März. Nicht selten findet man auch die gefüllte Form dieser Art – *Galanthus nivalis ‚Flore Pleno'*. Die andere Art ist ein größerer Bruder des heimischen Schneeglöckchens und heißt *Galanthus elwesii* oder auch Türkisches Schneeglöckchen. Bei günstigem Wetter blüht diese Pflanze bereits ab Dezember.

Schneeglöckchen benötigen humusreiche Erde mit ausreichender Bodenfeuchtigkeit in der Wachstumszeit. Sie stehen gerne im lichten Schatten von laubabwerfenden Bäumen oder Sträuchern. Wenn Schneeglöckchen sich wohlfühlen, breiten sie sich willig aus. Besonders hübsch sieht es aus, wenn sie auf einer Wiese wachsen dürfen.

Wer noch keine Schneeglöckchen im Garten hat und auch niemanden danach fragen kann, sollte sich im Januar oder Februar in Gartencentern umschauen. Um diese Zeit gibt es dort Töpfe mit blühenden Pflanzen. Manchmal wird man auch beim Floristen fündig. Ach-

Tipps:

Einige von den ausgegrabenen Zwiebeln pflanze ich in Töpfe oder Dosen, in die ich vorher ein Loch gebohrt habe. Sie schmücken draußen wochenlang die Fensterbank oder den Gartentisch.
Das Substrat für den Pflanzentopf: 50 % Gartenboden mit 50 % Sand gemischt.

SCHNEEGLÖCKCHEN IM GARTEN

ten Sie darauf, dass die Zwiebeln kräftig, fest und gesund sind. Sie dürfen auf keinen Fall Schimmel angesetzt haben! Zu Hause sollten diese Töpfchen in kühlen Räumen untergebracht werden und im März langsam nach draußen gewöhnt werden. Im ersten Jahr dürfen sie keinen strengen Frösten ausgesetzt werden. Besser geschützt auf einen Platz am Haus stellen. Geschützt heißt z. B. die Töpfe in eine Kiste stellen, die mit viel Moos, Stroh oder Laub ausgelegt wurde. Wenn die Temperatur unter minus 3° C absinkt, kann man zusätzlich Decken über die Kiste legen. Auch hier gilt: Pflanzen nicht austrocknen lassen! Ab Mitte April können die Töpfe ausgepflanzt werden – manchmal ist um diese Zeit das Laub schon eingezogen.

Schneeglöckchen in alte Dosen (mit einem Loch im Boden) gepflanzt. Die Dosen sind sehr zweckmäßig, weil sie recht hoch sind und die Glöckchen dadurch viel Platz für ihre Wurzeln haben.

DER GARTEN AUF DER FENSTERBANK

Was ist was?

Keim:

Er ruht im Samenkorn und enthält bereits alle wichtigen Anlagen der späteren Pflanze.

Keimling:

Weicht man den Samen mit Wasser ein, erwacht der Keim und fängt an zu wachsen. Wenn sich die Wurzeln, der Stängel und die ersten Keimblättchen gebildet haben, spricht man von einem Keimling.

Sprosse:

Oberer Teil der Pflanze – ohne Wurzel. Es hat sich in der Sprossenkultur eingebürgert, dass auch die Keimlinge als Sprossen bezeichnet werden.

Spätestens im Februar würde ich gerne mit der Aussaat von Gemüse und einjährigen Blumen beginnen. Aber die Erfahrung hat mir gezeigt, dass es besser ist, noch eine Weile zu warten. Die meisten Kulturen, die jetzt im Haus vorgezogen werden sind Langtagspflanzen und brauchen viel Licht und Wärme. Würde man sie jetzt schon aussäen, würden sie zu lang und schmächtig werden. Im Fachjargon heißt das: Sie würden vergeilen. Sie ließen sich nach den Eisheiligen kaum noch in den Garten pflanzen. Deshalb gilt für mich: keine Aussaat vor dem März – auch wenn es schon in den Fingerspitzen kribbelt.

Zum Glück gibt es aber für die ungeduldige Gärtnerin eine Lösung, die ihr die Zeit bis zum Beginn der Vorkultur etwas verkürzen kann: Sie zieht Sprossen und Keimlinge auf der Fensterbank.

Viele Sprossen und Keime haben eine sehr kurze Wachstumsphase und können schon nach einer Woche verzehrt werden. Im Prinzip kann man alle essbaren Kräuter-, Getreide-, Gemüsesamen und Hülsenfrüchte für die Sprossenkeimerei verwenden – außer Nachtschattengewächse wie Tomaten und Paprika. In ihren Stängeln und Blättern ist der für uns Menschen giftige Wirkstoff Solanin enthalten.

Welche Sprossen oder Keime man wählt, ist Geschmackssache. Ich bevorzuge Sämlinge mit scharfem, rettichartigem Geschmack wie Kresse, Radieschen, Senf, Rucola und Daikonkresse. Wichtig für die Kultur ist naturreines Saatgut mit höchster Keimfähigkeit. Es darf nicht beschädigt und auch nicht gebeizt sein. Kaufen Sie nur Saatgut, das als Keimsprossenzucht gekennzeichnet ist. Sie finden es in Bioläden, Reformhäusern oder in gut sortierten Samenhandlungen.

Anzucht von Sprossen im Glas

Das Saatgut in ein Sieb geben und mit Leitungswasser abspülen. Saatgut in das Glas füllen. Dieses mit Gaze und Gummiring verschließen. Die Gaze dient während der Kulturzeit als Sieb. Das Glas mit Wasser füllen, bis der Samen gut damit bedeckt ist. Samen 4 – 8 Stunden einweichen. Wasser durch die Gaze ablaufen lassen. Glas schräg stellen, damit auch das restliche Wasser ablaufen kann. Jeden Morgen und jeden Abend müssen die Samen neu gespült werden und wieder gut abtropfen. Nach 4 – 6 Tagen kann man die Sprossen essen. Sprossen sollten nicht erhitzt werden. Man reicht sie auf Salat oder zum Brot. Sprossen, die nicht gleich verbraucht werden, halten sich ohne Wasser 3 – 4 Tage im Kühlschrank.

Es werden benötigt:

2 EL Saatgut
1 Sieb
1 sauberes Glas
sauberes Leitungswasser
1 Stück Gaze, mit der man das Glas verschließen kann
1 Gummiring

Es werden benötigt:

1 wasserdichtes, flaches, sauberes Schälchen
Watte
Wasser
Samen wie Kresse, Radieschen oder Rucola

Anzucht von Keimlingen auf Watte

In das flache Schälchen gibt man eine dünne Lage Watte und füllt Wasser ein, so viel, dass die Watte gut nass ist. Dann streut man Samen darauf. Nicht zu dicht, damit das Saatgut noch genügend Luft bekommt und nicht fault. Das Ganze stellt man auf eine Fensterbank. Optimal ist eine Temperatur von 20° C. Jeden Tag müssen Sie prüfen, ob die Watte noch feucht ist. Sie darf nie austrocknen. Die Keimlinge können nach 6 Tagen gegessen werden und sollten spätestens nach 10 Tagen verzehrt worden sein. Wenn die Keimlinge muffig riechen, dürfen sie nicht mehr gegessen werden.

In flachen Gefäßen wird der Samen gut mit Luft versorgt und die Gefahr ist nicht so groß, dass sich Schimmel oder unangenehme Gerüche durch Fäulnis bilden. Allerdings trocknet die Watte schneller aus und muss öfter gewässert werden.

SCHNITTLAUCH

Übrigens: Da ist noch etwas, was auf meiner Fensterbank grünt. Es ist Schnittlauch. An einem frostfreien Tag bin ich mit dem Spaten in den Garten gegangen, um ihn auszugraben. Es ist von Vorteil, wenn die Pflanzen bereits Frost abbekommen haben. Er regt sie zum besseren Treiben an. Zwei Wurzelballen reichen, um bis zum Frühling mit Schnittlauch versorgt zu sein. Zunächst wird die mehrjährige Pflanze je nach Größe des Wurzelballens 1- bis 3-mal geteilt. Die Wurzeln der Pflanzen werden um zwei Drittel gekürzt, damit sie in den Topf passen. Die vorbereiteten Pflanzen werden in Töpfe gepflanzt und bekommen einen Platz auf der Fensterbank in der Küche. Abgeerntete Pflanzen können ab März wieder vorsichtig nach draußen gewöhnt werden. Sie müssen aber vor strengen Frösten geschützt werden und dürfen erst ab April wieder ins Beet.

Tipp:

Diese Kulturmaßnahme kann man bereits im Oktober erledigen: Pflanzen aus der Erde nehmen, teilen, Schnittlauchhalme zurückschneiden, Wurzeln einkürzen und die Töpfe an einer geschützten Stelle aufstellen.

Schnittlauch: Von draußen nach drinnen und wieder zurück

Schnittlauchquark

Quark und Joghurt verrühren. Zwiebel schälen und fein hacken. Gurken fein hacken. Schnittlauch in feine Röllchen schneiden. Knoblauch schälen und in den Quark pressen. Alle anderen Zutaten ebenfalls zum Quark geben und mit Salz und Pfeffer abschmecken.

Ein einfaches Gericht. Schmeckt am besten zu Pell- oder Ofenkartoffeln.

500 g Magerquark
250 g griechischer Joghurt, 10 % Fett
1 Zwiebel
4 kleine Essiggurken
1 Bund Schnittlauch
1 – 2 Knoblauchzehen
1 TL scharfer Senf
Salz, Pfeffer

Auf Schatzsuche im Keller

Im Vorratsregal im Keller habe ich noch einige Gläser mit Rote Bete gefunden. Sie schmecken köstlich: nicht zu sauer und leicht süß (Rezept s. S. 179). Das eingemachte Gemüse lässt sich hervorragend mit Beluga Linsen und Keimsprossen kombinieren. Wer keine eingelegte Rote Bete vorrätig hat, kauft sich am besten im Gemüseladen vorgekochte Gemüseknollen und raffelt diese grob. Sie können auch rohe Rote Bete in den Salat geben. Dafür die Rüben schälen, grob raffeln und mit Salatsoße anmachen. Man kann natürlich auch auf fertig eingelegte Ware im Glas zurückgreifen, jedoch variiert der Geschmack sehr. Vorher also ausprobieren, ob sie schmecken.

Beluga-Linsen-Salat mit Rote Bete und Keimsprossen

Linsen im Sieb überbrausen und mit dem Wasser (ohne Salz) in ca. 25 Minuten weich kochen. Wasser abgießen und Linsen abkühlen lassen. Mit Rote Bete vermischen. Mit Essig, Senf, Öl und Gewürzen eine Salatsoße herstellen und über das Gemüse geben und gut vermischen. Apfel entkernen und in dünne Scheiben schneiden. Eier schälen und vierteln. Auf dem Gemüse anrichten und mit frisch gemahlenem Pfeffer würzen. Keimlinge über dem Salat verteilen und mit einigen Spritzern Balsamicocreme abrunden.

100 g Beluga Linsen
400 ml Wasser
200 g eingekochte Rote Bete (Rezept s. S. 179)
2 EL Rotweinessig
1 TL Honigsenf
3 EL Olivenöl
Salz, Pfeffer, 1 TL Sirup oder Zucker
1 Apfel
2 hartgekochte Eier
verschiedene Keimlinge
Balsamicocreme

Tipp:

Für dieses Rezept können Sie auch Rucola statt Sprossen verwenden. Diesen kann man in milden Wintern das ganze Jahr über im Garten ernten. Und probieren Sie auch einmal die Speck-Salbei-Pflaumen dazu (Rezept S. 212) – einfach köstlich!

Überbackener Ziegenkäse auf Rote Bete

Eingelegte Rote Bete, Ziegenkäse und Keimlinge sind nicht nur optisch ein Genuss. Das Gericht ist in Windeseile zubereitet und eignet sich als Vorspeise oder als leichtes Abendessen.

2 Rollen Ziegenkäse à 200 g
6 TL Honig
Chiliflocken
400 g eingelegte Rote Bete (Rezept s. S. 179)
1 Schälchen Radieschenkeimlinge

Den Backofen auf 200° C (Gas Stufe 4, Umluft 180°) erhitzen. Rote Bete auf 4 Teller verteilen. Den Käse in 12 dicke Scheiben schneiden und in eine Auflaufform legen. Jede Scheibe mit ½ TL Honig beträufeln und mit Chiliflocken bestreuen. Ganz kurz überbacken, bis der Käse glasig wird und leicht einsackt. Aus dem Ofen nehmen und auf die Rote Bete legen. Mit Keimlingen bestreuen.

Aussaat im Haus und im Garten

Rückschnitt und Mulchen

Küchenkräuter

Rezepte mit Kräutern,
„grünem“ Speck, Feldsalat und für Gemüsebrühe-Konzentrat

AUSSAAT IM HAUS

Chilisamen werden Anfang März in Töpfchen gesät und leicht mit Aussaaterde bedeckt. Dann werden sie mit einem Sprüher angefeuchtet. Sie müssen immer feucht gehalten werden.

Auch im Garten tut sich was: Das Lungenkraut blüht ...

Schnell blättere ich noch einmal durch die Samenkataloge oder stehe ewig im Gartenmarkt vor dem Regal mit Samen, in dem ich mir vom Riesenangebot etwas herraussuchen will. Der Platz im Garten ist begrenzt und so habe ich wieder einmal die Qual der Wahl. Schließlich wird bereits bei der Auswahl des Samens entschieden, was in der kommenden Saison auf den Tisch kommt. Wieder zuhause beginne ich voller Vorfreude mit dem Aussäen.

Zuerst sind Anfang März die Chilis und Paprika dran. Zum Keimen benötigen sie Temperaturen von 20 – 25° C und einen hellen Standort – am besten auf der Fensterbank zur Südseite des Hauses. Wenn nach ca. 2 – 3 Wochen sich die ersten Keimblätter entwickelt haben, werden sie pikiert (vereinzelt). Wenn die Temperaturen es zulassen, können die jungen Pflanzen bereits im April nach draußen gebracht werden. Dafür habe ich mir extra einen rechteckigen Kasten aus Holz gezimmert, der mit einem Fenster abgedeckt werden kann. In kalten Nächten werfe ich Decken über den Kasten. Wenn alles gut läuft, haben sich bis Mitte Mai ca. 15 – 20 cm hohe, stabile Pflanzen entwickelt. Zugegeben, das ist ziemlich aufwändig. Deshalb beschränke ich mich auch nur auf wenige frühe Aussaaten im Haus. Dazu zählen neben den Chilis noch Tomaten und im April Zucchini und Kürbis.

Für die **Aussaat im Haus** nehme ich eine spezielle Aussaaterde. Sie hat eine feine Struktur und ist nicht gedüngt. In ihr entwickeln sich die Wurzeln ganz besonders gut. Würde man gedüngte Erde nehmen, würde die Kraft zu früh in die Pflanzen gehen. Dann würde sich zwar viel Grün, aber nur wenig Wurzeln bilden. Gute Erde erhält man im Fachhandel und sie hat meistens ihren Preis. Ausgesät wird in Saatschalen, in Töpfe oder in Multitopfplat-

Pflanzen mit winzigen Samen säe ich in Aussaatschalen. Nachdem die ersten Blättchen erschienen sind, werden sie in Multitopfplatten oder direkt in kleine Töpfe pikiert. Mittelgroße Samen lege ich einzeln in die Multitopfplatte. Damit erspare ich mir das Pikieren. Große Samen kommen direkt in die Töpfchen.

ten. Wenn die Pflanzen, die in Schalen ausgesät wurden, 2 – 4 Blätter entwickelt haben, werden sie pikiert. Dafür hebe ich die Pflänzchen mit einem Stift vorsichtig aus der Schale und topfe sie in eine Multitopfplatte. Auch diese ist wieder mit frischer Aussaaterde gefüllt. Erst wenn die Wurzeln die Erde im Topf halten können, kommen

... und die ersten Pfingstrosen stoßen kraftvoll aus der Erde.

Lenzrosen (oben) und Veilchen.

die Pflanzen entweder direkt in den Garten oder müssen noch mal für eine Weile in einen größeren Topf – diesmal mit ganz normal gedüngter Pflanzenerde. Wenn die Witterung es zulässt und keine Fröste mehr den empfindlichen Pflanzen drohen – also ab Mitte Mai – kommen endlich alle Pflanzen nach draußen in den Garten.

Chilisamen selbst zu sammeln ist eine heikle Angelegenheit. Oft haben die Nachkommen andere Eigenschaften als die Mutterpflanzen. So kann es vorkommen, dass sich aus den Samen von einer scharfen Pflanze, Pflanzen mit milden Schoten entwickeln – oder umgekehrt. Es passiert sogar, dass sich an einer Pflanze scharfe und milde Früchte gleichzeitig bilden. Wenn man das nicht weiß, kann man sich schnell das Essen verderben. Deshalb sollte man nur den Samen sammeln, von dem man weiß dass er samenecht ausfällt. Die Mutterpflanzen dürfen z.B. keine F1-Hybriden sein. Außerdem muss gewährleistet sein, dass sich die Pflanzen nicht mit anderen Sorten gekreuzt haben.

Die Aufzucht von eigenen **Tomatenpflanzen** ist in den letzten Jahren für mich schwierig geworden. Früher habe ich sehr gerne viele verschiedene Sorten und Arten ausprobiert und selbst gezogen. Seit einiger Zeit macht mir aber im Garten die Kraut- und Braunfäule arg zu schaffen. Dabei handelt es sich um eine Pilzerkrankung, deren Sporen im Boden unter den Pflanzen sitzen. Bei Regen oder auch durch Gießen prallt Wasser auf den Boden und wirbelt die Pilzsporen auf, die dann auf die Tomatenpflanzen spritzen. Und ruckzuck ist die Pflanze infiziert. Das Problem könnte man in den Griff bekommen, wenn man ein durchsichtiges Zelt über die Tomaten bauen würde. Durch das verstärkte Auftreten der Pilzerkrankungen, sollte aber der Standort öfter gewechselt werden. Deshalb müsste es ein mobiles Zelt sein, am besten mit Plastikwänden und Holzlatten, das man leicht auf- und abbauen kann. Ein solches Zelt kommt für mich aber nicht in Frage. Also kaufe ich mir im Mai in einer Gärtnerei gut entwickelte Pflanzen, die früh Früchte tragen, und ernte so lange, bis die Braunfäule meine Pflanzen dahinrafft. Aber eine oder zwei neue Sorten probiere ich auf jeden Fall wieder aus – es soll ja spannend bleiben. Manchmal klappt es sogar mit einer Ernte von Juli bis September.

Lenzrosen

Bevor man mit der **Aussaat im Garten** beginnt, muss der Boden erst einmal abtrocknen und sich in der Sonne erwärmen. Meistens kann man schon im März loslegen, aber in manchen Jahren muss man bis zum April warten. Die Forsythie gibt den Startschuss, denn wenn sie blüht, hat sich der Boden soweit erwärmt, dass man mit der Gartenarbeit beginnen kann. Vor dem Winter habe ich die Beete umgegraben und durch Bodenfrost sind die Schollen weich und krümelig geworden. Es geht eben nichts über eine ordentliche Frostgare, da müssen die Beete nur noch mit einem Krail* durchgezogen werden. Anschließend wird mit dem Rechen noch

**Ein Krail ist eine 4-zinkige Hacke, die ähnlich aussieht wie eine Heugabel, nur mit gebogenen Zinken.*

Winterlinge.

Wenn die Osterglocken und die Forsythien blühen, wird es Zeit mit der Gartenarbeit zu beginnen

eine dünne Schicht Haushaltskompost eingearbeitet. Es ist übrigens nicht notwendig, dass der Boden fein zerkrümelt wird – nach dem ersten Gießen würde er verschlämmen. Am liebsten sähe ich in Reihen aus. Der Abstand zwischen den Pflanzreihen muss so groß sein, dass man eine Hacke durchziehen kann; der Abstand zwischen den Pflanzen richtet sich nach ihrer Größe. Die Tiefe der Saatrillen richtet sich nach der Größe des Korns und danach, ob der Samen Licht- oder Dunkelkeimer ist. Ob also die Samen nur dann aufgehen, wenn sie von Erde bedeckt sind (= dunkel). Oder umgekehrt, ob sie nicht von Erde bedeckt sein dürfen wie zum Beispiel das Basilikum. Diese Information findet man meistens auf der Samenpackung. Im März säe ich **Möhren, Radieschen, Pflücksalat, Spinat und Petersilie** aus. Im April kommen dann kälteempfindlichere Pflanzen wie Rote Bete oder Fenchel dazu. Einen Teil des Gemüses, wie z. B. Kohl oder Sellerie kaufe ich gerne als Jungpflanze in der Gärtnerei, denn davon brauche ich nur wenige Exemplare. Erst im Mai kommen dann noch die frostempfindlichen Bohnen dazu. Denn schon meine Oma hat mir eingeschärft: „Säst du mich im April, komm ich, wann ich will. Säst du mich im Mai, komm ich gleich."

Damit der Boden durch Regen oder Gießen nicht zu sehr verschlämmt, lege ich zwischen die Reihen Mulch. Manche Kritiker behaupten, dass man dadurch Schnecken anzieht. Aber die Schnecken kommen so oder so. Junge

RÜCKSCHNITT UND MULCHEN

Pflanzen muss man immer vor Schnecken schützen. Am besten man sammelt sie in frühen Morgenstunden, am späten Abend oder kurz nach dem Regen ab. Wem das zu aufwendig ist, sollte notfalls ein biologisches Schneckenkorn streuen.

Rückschnitt und Mulchen: Im März wird es allerhöchste Zeit, die abgestorbenen Stauden und Gräser zurückzuschneiden. Es wird jetzt nicht mehr lange dauern, bis sie wieder neu austreiben. Alle zurückgeschnittenen Halme und Zweige, auch die von Gehölzen, schreddere ich in einem Leisehäcksler mit Walzenschneidwerk. Das Schnittgut bringe ich auf die Beete aus. Es verhindert zum einen, dass der Boden durch Regen oder Gießen verschlämmt und zum andern verwandelt sich das Schnittgut mit der Zeit in wertvollem Humus. Auch Rasenschnitt lässt sich so verwenden. Man darf ihn nur nicht zu dick auftragen, sonst wird er matschig, heizt sich zu sehr auf und könnte schimmelig werden. Das würde wiederum den Kräutern oder dem Gemüse schaden.

Die Gräser werden zurückgeschnitten und gehäckselt. Dabei können auch schon die Jüngsten helfen.

Küchenkräuter

Wenn es wärmer wird, kommen die Alten wieder in Schwung. Gemeint sind die zwei- oder mehrjährigen Küchenkräuter, die den Winter über im Garten standen. Der **Schnittlauch** fängt an zu treiben und der **Kerbel**, der sich jedes Jahr selbst aussäht, hat den Winter überstanden und wächst weiter. Schnell ernte ich den jungen **Sauerampfer**, bevor die Schnecken ihn wieder durchlöchern. Und auch der **Schnittsellerie**, den ich im Jahr zuvor ausgesät habe, ist prächtig über den Winter gekommen. Mit einem Bündel der ersten Gartenkräuter geht es in die Küche.
Ich habe etwas ganz besonderes mit ihnen vor. Etwas, dessen Geschmack mich an meine Kindheit erinnert. An die Zeit, in der einmal im Jahr ein Schwein geschlachtet wurde und das ganze Haus nach frischem Speck roch. Ich werde mit meinen Kräutern ein modernes Gericht mit nostalgischem Geschmack und dem Geruch von damals zubereiten.

Grüne Speckkugel

100 g leicht geräucherten Rückenspeck vom Schwein
1 Bund Kräuter (s. Foto S. 42)
Salz, Pfeffer

Vom Speck die Schwarte entfernen und ihn in kleine Würfel schneiden. Kräuter waschen, trocken schleudern und die groben Stiele entfernen. Im Mixer fein hacken und nach und nach die Speckwürfel dazugeben. Masse aus dem Mixer nehmen und in eine Schüssel geben. Mit dem Löffel glatt rühren, mit Salz und Pfeffer abschmecken. Mit einem Eisportionierer eine Kugel oder mit den Händen kleine Kügelchen formen. Im Kühlschrank fest werden lassen.

Der grüne Speck passt gut zu frischem Bauernbrot oder kann wie Pesto zu Nudeln gegessen werden.

400 g Farfalle (Schmetterlingsnudeln)
1 Zwiebel
Öl zum Braten
200 g braune Champignons
1 TL Harissa (Rezept s. S. 202) oder Chiliflocken nach Geschmack
Salz, Pfeffer
4 kleine grüne Speckkugeln

Farfalle mit Champignons und grüner Speckkugel

Farfalle in Salzwasser in 12 –15 Minuten weich kochen. Zwiebel schälen, in Streifen schneiden und in wenig Öl anbraten. Champignons säubern, in Streifen schneiden und mitbraten. Mit Pfeffer, Salz und Harissa abschmecken. Farfalle abgießen und mit Champignons mischen. Mit je einer Kugel grünem Speck anrichten.

Übrigens:

Als Grüner Speck wird der frische und unbehandelte Rückenspeck vom Schwein bezeichnet. Der Speck, den ich verwende, ist leicht geräuchert und verdient also nicht mehr die Bezeichnung Grüner Speck. Aber weil er durch die Kräuter eine grüne Farbe erhält, habe ich ihn auch „grüner Speck" genannt – aber mit kleinem „g".

Die „Vergessene-Gemüse-Suppe" ist heute wieder sehr gefragt.

„Vergessene-Gemüse-Suppe" mit grüner Speckkugel

Gemüse waschen, schälen, putzen und in Stücke schneiden. Zwiebel schälen und in Scheiben schneiden. In einen großen Topf geben und mit Wasser auffüllen. Gemüsebrühekonzentrat dazugeben und 30 Minuten köcheln bis das Gemüse weich ist. Knoblauchzehen in die Suppe pressen und alles pürieren. Soviel Milch dazu gießen, bis eine sämige Masse entsteht. Mit den Gewürzen abschmecken und den grünen Speck dazu reichen.

250 g Petersilienwurzeln
250 g Pastinaken
250 g Steckrüben
250 g Kartoffeln
1 Zwiebel
1 l Wasser
4 TL Gemüsebrühe-Konzentrat (Rezept s. S. 46)
2 Knoblauchzehen
ca. 200 ml Milch zum Verdünnen
Chilisalz (Rezept s. S. 218) oder Chiliflocken, Pfeffer
grüne Speckkugeln

Kleine Proben Gemüsebrühe-Konzentrat zum Verschenken.

1 kg Suppengemüse: Karotten, Lauch, Knollensellerie, Petersilienwurzel, Pastinake zu gleichen Anteilen; keine Zwiebeln oder Knoblauch: beide könnten gären
300 g Meersalz
100 g Kräutersamen-Salz (Rezept s. S. 149), ersatzweise 100 g Meersalz
1 Bund gemischte frische Kräuter wie Petersilie, Kerbel und Schnittsellerie

Gemüsebrühe-Konzentrat

Das wichtigste Würzmittel in meiner Küche ist mein selbst angesetztes Gemüsebrühe-Konzentrat. Dabei ist es so einfach selbst herzustellen und hat eine Würzkraft, die kaum zu überbieten ist! Und dies ganz ohne künstliche Konservierungsstoffe oder Geschmacksverstärker!

Das Konzentrat wird einzig und alleine mit Salz konserviert. Deshalb muss man bei der Dosierung vorsichtig sein, damit die Suppe nicht versalzen wird.

Am besten Sie machen eine Geschmacksprobe: Würzen Sie 250 ml heißes Wasser mit 1 TL des Gemüsebrühe-Konzentrats. Lassen Sie die Brühe 5 Minuten ziehen. Dann probieren Sie: Ist Ihnen das Ergebnis zu salzig oder gerade richtig? Oder müssen Sie noch nachwürzen? – Das Konzentrat ist mindestens 6 Monate im Kühlschrank haltbar.

Und so wird's gemacht: Das gewaschene und geputzte Gemüse wird außer dem Lauch im Mixer mit der Reibescheibe in feine Steifen geschnitten. Der Lauch wird mit einem scharfen Messer sehr fein geschnitten. Die Kräuter im Blitzhacker fein hacken. Das klein geschnittene Gemüse und die gehackten Kräuter in eine große Schüssel geben. Salz dazugeben und es mit den Händen einarbeiten bis es sich auflöst und flüssig wird. Dann in Gläser abfüllen.

Zum Würzen benötigt man für 1 Liter Wasser 2 EL oder 40 g Gemüsebrühe-Konzentrat.

Im Keller steht ein Regal, das prall mit den Schätzen des Sommers und des Herbstes des letzten Jahres gefüllt ist. Äpfel, Birnen, Mirabellen, Kürbispüree, Bohnen, Rote Bete, Pflaumen, Marmeladen, Sirup und noch viel mehr warten in Gläsern und Flaschen darauf wiedergefunden und mit in die Küche genommen zu werden. Zum Beispiel Birnen.

Auf Schatzsuche im Keller

Im März gibt es im Garten noch Feldsalat satt.

Tipp:

Birnen und Feldsalat passen hervorragend zusammen. Die nachfolgenden Rezepte mit diesen beiden Zutaten sind einfach und schnell zubereitet, und eignen sich als Vorspeise oder auch als kleiner Imbiss.

Das Toastbrot wurde in den Ecken schräg eingeschnitten und in eine Muffinform gedrückt.

ergibt 12 Körbchen
12 Scheiben Vollkorntoast
Butter
3 große Scheiben gekochter Schinken
12 TL Kornelkirsch-Cumberlandsoße (Rezept s. S. 155), ersatzweise Cumberlandsoße oder Preiselbeerkompott
12 Birnenhälften aus dem Glas
200 g Gorgonzola
Rucola- oder Kressekeimlinge
2 EL grob gemahlene Walnusskerne
Balsamicocreme
eine gefettete Muffinform mit 12 Mulden

Birnenkörbchen mit Gorgonzola

Backofen auf 180° C (Gas Stufe 3, Umluft 160°) vorheizen. Das Toastbrot mit einem Nudelholz dünn ausrollen. Die Ecken des Toastbrots mit einem Messer schräg einschneiden. Toastbrotscheiben mit Butter bestreichen, in die Mulden der Muffinform drücken und zwar so dass die Ecken überlappen. Die Schinkenscheiben vierteln und auf die Toastbrotscheiben verteilen. Auf den Schinken je 1 TL Kornelkirsch-Cumberlandsoße geben. Die Birnenhälften teilen und je 2 Viertel in jede Muffinmulde geben. Gorgonzola in 12 Teile teilen und auf die Birnenhälften geben. Die Muffinform in den Ofen schieben und 15 Minuten überbacken.
Die Birnenkörbchen auf einem Teller anrichten und mit Kresse und Walnüssen bestreuen. Mit ein paar Spritzern Balsamicocreme abrunden.

Dazu schmeckt frischer Feldsalat aus dem Garten.

Speckbirnen mit Feldsalat

Birnenhälften vierteln, Frühstücksspeck quer halbieren. Den Frühstücksspeck fest um die Birne wickeln und in einer heißen Pfanne ohne Fett anbraten. Hitze sofort reduzieren.

Wenn die Speckbirnen braun werden, aus der Pfanne nehmen und mit Nüssen und Keimlingen bestreuen.

Für die Salatsoße Senf, Essig, Gewürze mit einem Schneebesen verrühren, Öl dazugeben. Zwiebel schälen, fein würfeln und über den Salat streuen. Salat mit der Soße gut vermischen.

Die Speckbirnen mit dem Feldsalat anrichten.

Tipp:

Probieren Sie aber auch einmal eine Feldsalat-Soße mit Gorgonzolakäse. Zubereitung wie oben. Mischen Sie statt Senf einen EL Gorgonzola unter die Soße. Und als Topping streuen Sie ein paar geröstete Walnüsse drüber.

Für die Speckbirnen:

6 Birnenhälften aus dem Glas
6 Scheiben Frühstücksspeck
2 EL grob gemahlene Walnusskerne
Radieschen- oder Kressekeimlinge

Für die Salatsoße:

1 EL Honigsenf
2 EL Rotweinessig
Pfeffer, Salz
4 EL neutrales Öl
1 Zwiebel
einige Spritzer Balsamicocreme

Für das Birnensorbet:

500 g eingekochte Birnen
250 g Birnensaft
100 g Zucker (der Zucker entfällt, wenn der Birnensaft gesüßt ist)
1 gestr. TL Kardamompulver – am besten frisch gerieben und ohne Kapselhüllen
einige gehackte Walnüsse

Für die Schokosoße:

125 ml Sahne
100 g Zartbitterschokolade
1 EL Honig

Birnensorbet mit Kardamom und Schokosoße

Die Birnen pürieren. Ungesüßten Birnensaft mit Zucker 5 Minuten lang zu Sirup kochen (dieser Vorgang entfällt, wenn der Saft bereits gesüßt wurde). Kardamom einrühren. Flüssigkeit zum Birnenpüree geben, abkühlen lassen. Dann in den Eisschrank stellen und 4 Stunden lang alle halbe Stunde umrühren.
Sie können die Masse auch in eine Eismaschine geben und anschließend nochmal 4 Stunden in den Eisschrank stellen.
Für die Schokosoße die Sahne heiß werden lassen. Schokolade nach und nach in der heißen Sahne auflösen. Dabei ständig mit einem Schneebesen rühren. Vom Herd nehmen und mit dem Honig süßen.
Das Eis mit der kalten Schokosoße überziehen und mit gehackten Walnüssen bestreuen.

Bärlauch

Spinat

Aussaat von Kürbis und Zucchini

Pfingstrosen

Bärlauch – mit Bärenkräften in den Frühling

Bärlauch

Es hat eine Weile gedauert, bis Bärlauch in meinem Garten Fuß gefasst hat. Vor ein paar Jahren habe ich mir Samen gekauft, den ich im Frühling ausgesät habe. Ich wartete und wartete, aber es passierte nichts. Auch in den darauffolgenden Jahren hat es nicht geklappt. Ich wollte es schon aufgeben, als ich den Grund für meine Misserfolge erfuhr: Bärlauch ist ein Kaltkeimer und braucht demzufolge kalte Temperaturen zum Keimen. Zudem, so erfuhr ich, ist die Haltbarkeit von Bärlauchsamen relativ kurz. Bereits nach 2 – 3 Monaten verlieren sie ihre Keimfähigkeit, sofern sie nicht auf fruchtbaren Boden fallen, wo sie zunächst einmal eine Art Tiefschlaf halten. Es kann 1 – 2 Jahre dauern, bis sie eines Tages im Winter erwachen

BÄRLAUCH IM GARTEN

und zu wachsen beginnen. Meine gekauften Samen waren sicherlich längst vertrocknet und haben deshalb nie eine Chance gehabt.

Wer Bärlauch mit Hilfe von keimfähigen Samen ansiedeln möchte, braucht viel Geduld. Denn bis der gerade erwachte Keimling zu einer erntereifen Pflanze heranwächst, können nochmal 3 – 4 Jahre vergehen. Besser ist es, im Herbst Bärlauchzwiebeln zu kaufen und sie sofort in ein vorbereitetes Beet zu stecken. Als Pflanze des Waldes braucht Bärlauch einen schattigen bis halbschattigen Platz mit humoser kalkhaltiger Erde – am besten am feuchten Gehölzrand. Zeitweise Trockenheit im Sommer schadet ihm nicht, sofern er vom Herbst bis zum Frühjahr genügend Feuchtigkeit bekommt. Eine dicke Mulchschicht aus Blättern fördert das Wachstum.

Eine andere Möglichkeit Bärlauch im Garten anzusiedeln ist die, im Frühling fertige Pflanzen in Töpfen zu kaufen, sie im Garten einzupflanzen und abzuwarten ob sich schon bald der erhoffte Bärlauchteppich bildet. Das kann zwar auch eine Zeit lang dauern – aber wehe, wenn er losgelassen … Wo sich Bärlauch wohlfühlt, fängt er mit den Jahren an zu wuchern! Dann helfen nur noch Rhizomsperren und das rechtzeitige Entfernen von vermehrungswilligem Samen.

Bärlauch hat nur kurz Saison. Meist ist sie Mitte Mai vorbei. Deshalb ernte ich im April so viel wie möglich und verarbeite die Blätter zu einer Bärlauchpaste.

Übrigens:

Bärlauch steht nicht unter Naturschutz, aber er wächst sehr oft in Naturschutzgebieten. Und dort ist jegliches Entfernen von Pflanzen strengstens verboten.

Bärlauch

Bärlauchblätter
kaltgepresstes Olivenöl

Bärlauch für die Paste

Tipp:

Ich gebe gerne zu Spinatgemüse Bärlauchpaste. Damit kann man den Geschmack wunderbar abrunden. Für ca. 200 g blanchierten Spinat nehme ich 2 EL Bärlauchpaste.

Bärlauchpaste

Die Bärlauchblätter waschen und verlesen, gut trockenschleudern, grob hacken und im Mixer fein pürieren. Bärlauchknospen können ebenfalls mitverarbeitet werden. Soviel Öl dazugeben, dass eine weiche, fast schon flüssige Paste entsteht. Die Paste in kleine Gläser abfüllen und in einem kühlen Raum aufbewahren. Angebrochene Gläser im Kühlschrank aufbewahren und innerhalb von 14 Tagen aufbrauchen.

Bärlauchschnitten mit Walnusspanade und Tomatensoße

Das Baguette erst in Scheiben, dann in Würfel schneiden und in eine Schüssel legen. Zwiebel fein würfeln und im Öl glasig dünsten. Mit der Milch ablöschen und über die Baguettewürfel gießen. Eine Stunde durchziehen lassen. Eier verquirlen und Bärlauchpaste einrühren. Über die Brotwürfel geben. Backpulver über die Masse streuen und alles mit den Händen gut durchmischen, pfeffern und salzen.

Ein sauberes Geschirrtuch im Wasser gut auswaschen, auswringen und auf die Arbeitsplatte legen. Die Bärlauch-Brotmasse darauf verteilen, das Handtuch von der längeren Seite her wie beim Serviettenknödel über die Masse ziehen und oben und unten zubinden. Einen länglichen Topf – ich nehme dazu einen Bräter – mit Wasser füllen und die Rolle ins Wasser gleiten lassen. Wasser

Für die Bärlauchschnitten:

250 g Baguette vom Vortag
1 Zwiebel
2 EL Öl, 150 ml Milch
2 Eier
50 g Bärlauchpaste (Rezept s. S. 54)
Salz, Pfeffer
1 TL Backpulver

Für die Walnuss-Panade:

2 Eier
30 g Semmelbrösel
30 g gemahlene Wahlnüsse
½ TL Kräutersamen-Salz (Rezept s. S. 149) oder je ½ TL Salz und Pfeffer
Öl zum Backen

Tipp:
Tomatensoße aus dem Vorratsregal (Rezept s. S. 140): Wenn die Soße zu dickflüssig ist, kann man sie mit heißer Gemüsebrühe oder mit heißem Wasser verdünnen.

zum Kochen bringen, Temperatur auf mittlere Hitze zurückschalten und die Rolle 10 Minuten köcheln lassen, dann Herd ausschalten, sie noch 10 Minuten im Wasser ziehen lassen, dann aus dem Wasser nehmen, abkühlen lassen und in nicht zu dicke Scheiben schneiden.
Die kalten, festen Scheiben panieren. Dazu in einem tiefen Teller die beiden Eier verquirlen, in einem zweiten die Semmelbrösel mit Walnüssen und Gewürzen mischen. Die Scheiben zuerst in der Eier- und dann in die Semmelbröselmischung wenden. Von beiden Seiten im heißen Öl ausbacken und darauf achten, dass die Panade nicht zu dunkel gerät. – Dazu passen Tomatensoße und frischer Salat.

Ich habe für mich die Muffinform zum Backen von Toast-Körbchen entdeckt. Sie sind in Windeseile zubereitet und eignen sich gut als Vorspeise oder kleines Abendessen.

Dreikäsehoch mit Bärlauch

12 Scheiben Toast
200 g Schafskäse
100 g Gorgonzola
70 g Parmesan im Stück
2 EL Bärlauchpaste (Rezept s. S. 54)
Butter für die Form

Toastbrot mit dem Nudelholz flach ausrollen und an den Ecken schräg einschneiden. In die gefettete Muffinform drücken und zwar so, dass die Ecken überlappen.
Schafskäse und Gorgonzola mit einer Gabel zerdrücken, mit Bärlauchpaste glatt rühren und auf das Toastbrot geben. Parmesan hobeln und auf die Förmchen verteilen. Im vorgeheizten Ofen bei 180° C (Gas Stufe 3, Umluft 160°) 15 Minuten lang backen.

Kartoffeln, Spinat und Ei: klassisch, einfach, gut und sogar gästetauglich!

Dessertring und Auslöser. Mit ihm drückt man den Inhalt aus dem Ring.

Bärlauch-Kartoffeltürmchen mit Spinat und Kräutereiern

Kartoffeln mit einer Gemüsebürste säubern und waschen. Ältere Kartoffeln schälen, neue Kartoffeln ungeschält in 2 mm dicke Scheiben schneiden oder hobeln. Öl, Bärlauchpaste, Pfeffer und Salz in einer Schüssel mit den Kartoffelscheiben gut vermischen. Die Dessertringe auf ein Backblech mit Backpapier setzen und in jeden 6-8 Schichten Kartoffelscheiben setzen. Die Ringe mit einem Stück Alufolie abdecken. Im vorgeheizten Backofen bei 200° C (Gas Stufe 3, Umluft 180°) 40 Minuten backen.

Danach mit einer Nadel die Probe machen: Die Kartoffeln müssen weich sein. Die Dessertringe mit Hilfe des Auslösers abziehen und die Kartoffeln noch 5 Minuten übergrillen, damit sie außen knusprig werden und innen weich bleiben.

Für die Kartoffeltürmchen:

1 kg festkochende Kartoffeln
100 ml Olivenöl
2 EL Bärlauchpaste (Rezept s. S. 54)
1 TL Salz, Pfeffer

Für den Spinat:

1 kg erntefrischer Spinat
Fett zum Braten
2 Zwiebeln

1 EL Mehl
150 ml Sahne
Pfeffer, Salz, Muskat

Für die Kräutereier:

8 Eier
1 Handvoll frische Gartenkräuter
1 Bund Schnittlauch
Fett zum Anbraten
4 Dessertringe

Spinat waschen, verlesen, dicke Stiele entfernen und im kochenden Wasser 3 Minuten blanchieren. Auf einem Sieb abtropfen lassen und auf einem Brett fein hacken.
Zwiebeln schälen, fein würfeln und im Fett glasig dünsten. Spinat dazugeben, kurz unterrühren und mit dem Mehl bestäuben. Mit Sahne ablöschen und mit den Gewürzen abschmecken.
Die Eier in einer Schüssel aufschlagen und verquirlen. Kräuter fein hacken und in die Eier rühren. Schnittlauch in feine Röllchen schneiden, beiseite stellen. In einer Pfanne das Fett erhitzen. Dessertringe in die Pfanne stellen, die Kräuterrühreier auf die Ringe verteilen und darin bei mäßiger Hitze braten. Dabei werden sie immer mal wieder mit einer Gabel verrührt, damit sie nicht festbacken. Wenn sie fast durchgebacken sind, die Ringe mit dem Auslöser hochheben und zur Seite legen. Die Eitürmchen wenden, kurz anbraten und vor dem Servieren mit Schnittlauch bestreuen.

Tipp:

Das Essen kann für Gäste schon einen Tag vorher vorbereitet werden. Dafür die Kartoffeln zubereiten wie oben beschrieben. Die fertiggegarten Kartoffeltürmchen ohne Ring auf dem Backblech lassen – sie fallen nicht zusammen. Am nächsten Tag ca. 10 Minuten im Backofen erwärmen und 5 Minuten übergrillen.
Spinat vorbereiten und blanchieren. Zwiebel glasig dünsten, Spinat dazugeben, sofort vom Herd nehmen und kalt stellen Am nächsten Tag fertig zubereiten.
Die Eier aufschlagen und mit kleingeschnittenen Kräutern mischen. Abdecken und im Kühlschrank aufbewahren.

Pfannkuchenrolle mit Bärlauch-Schafskäsefülung (oben) und Bärlauch-Spinatstrudel (links).

Bärlauch-Spinatstrudel mit Minze-Joghurt

Für den Strudelteig Mehl, Salz, Wasser und Öl mit den Händen zu einem glatten, weichen Teig kneten. Eine halbe Stunde an einem warmen Ort ruhen lassen. Teig zwischen Backmatte und Backpapier hauchdünn ausrollen (Backmatte liegt unten). Falls der Teig an der Matte festkleben sollte, noch etwas Mehl draufgeben.

Zum Schluss das Ganze so drehen, dass die Matte oben liegt und sie vom Teig ziehen. Dieser liegt jetzt auf dem Backpapier und kann mit beiden Händen noch etwas in Form gezogen werden. Die kalte Füllung auf den Teig verteilen und ihn zusammenrollen, auf ein Backblech legen. Das Eigelb mit der Milch glattrühren und die Teigrolle damit bestreichen. Mit einer Gabel dreimal einstechen. In den vorgeheizten Ofen schieben und bei 200° C (Gas Stufe 4, Umluft 180°) 40 Minuten backen.

Für den Strudelteig:

(ersatzweise fertiger Strudelteig)
200 g Weizenmehl
½ TL Kräutersamen-Salz (Rezept s. S. 149) oder ½ TL Salz
75 ml warmes Wasser
3 EL Öl
1 Silikon-Backmatte
zum Bestreichen: 1 Eigelb, 1 EL Milch

Für die Bärlauch-Spinat-Füllung:

2 EL Gemüsebrühe-Konzentrat (Rezept s. S. 46) oder 1 EL Salz
200 g Reis
400 g Spinat, gewaschen, verlesen, blanchiert und gut ausgedrückt
200 g Schafskäse
100 g griechischer Joghurt (10%)
1 Ei, 1 Eiweiß
2 EL Bärlauchpaste (Rezept s. S. 54) oder 2 Knoblauchzehen
100 g Rosinen
Salz, Pfeffer
1 EL Harissa (Rezept s. S. 202)

Für den Minze-Joghurt:

250 g Joghurt 3,5% Fett
10 Blätter frische Minze
1 Knoblauchzehe
Pfeffer und Salz

Für die Füllung 600 ml Wasser mit der Gemüsebrühe aufkochen, den Reis dazugeben, bei mäßiger Hitze 15-20 Minuten kochen, überschüssiges Wasser abgießen und abkühlen lassen. Spinat, Käse, Joghurt, Ei, Eiweiß und Bärlauchpaste vermischen. Rosinen und Reis unterrühren, mit den Gewürzen abschmecken.
Dazu passt Minze-Joghurt: Minze sehr fein hacken und mit dem durchgepressten Knoblauch unter den Joghurt rühren.

Tipp:

Pfannkuchenrollen mit Bärlauch-Schafskäsefüllung. Lässt man bei der Füllung den Reis weg, kann man sie auch als Füllung auf Pfannkuchen geben.

AUSSAAT VON KÜRBIS UND ZUCCHINI

Kürbis und Zucchini keimen sehr schnell und wachsen im Nu zu kräftigen Pflanzen heran. Zum Keimen brauchen sie Wärme. Anfang April setze ich die Kerne in Plastiktöpfchen mit einem Durchmesser von 9 cm, die mit Aussaaterde gefüllt wurden. Innerhalb von einem Monat wachsen stattliche Pflanzen heran, die ab Mitte Mai, wenn kein Spätfrost mehr droht, in den Garten umziehen dürfen. Dort werden sie in ein gut mit Kompost versorgtes Beet gepflanzt und bekommen so viel Platz wie sie brauchen um schöne Früchte zu entwickeln. Bedenken Sie: Das ist nicht gerade wenig! Während eine Zucchinipflanze bereits mit einem Quadratmeter zufrieden ist, benötigen Kürbisse fast schon einen eigenen kleinen Garten. Mehr über die Platzansprüche einer Kürbispflanze finden Sie auf S. 188f

In der Pflanzen-Schule wartet jede Menge junges Gemüse auf einen Pflanzplatz.

Tipp:

Zucchini-Samen sind meistens F1-Hybriden. Es lohnt sich also kaum, den Samen selbst zu sammeln, weil die Folgesamen sich aufspalten und nicht mehr die gewünschten Eigenschaften der „Eltern“ aufweisen. Vor allem wenn Kürbis und Zucchini nah beieinander stehen. Die beiden Pflanzen können sich miteinander kreuzen wodurch ihre Nachkommen bitter werden könnten.

GRÜNZEUG IM GARTEN

Feldsalat, Spinat, Wintersalat, Kräuter

Jede Menge Grünzeug im Garten: Schnittlauch, Pimpernelle und Sauerampfer (von oben).

In den nächsten Wochen sind wir noch gut mit Grünzeug versorgt. Es gibt immer noch Feldsalat oder Spinat und der erste Wintersalat ist Ende des Monats erntereif. Für Feldsalat und Spinat wird es jetzt höchste Zeit. Sie schießen wenn es wieder wärmer wird. Aus den restlichen Pflanzen kann man noch Pesto für Nudelspeisen oder Suppen herstellen. Einige Feldsalatpflanzen lasse ich stehen, damit sie blühen und Samen bilden.

Im Küchenkräuterbeet haben jetzt die zwei- oder mehrjährigen Kräuter Hochsaison. Der Schnittlauch steht kurz vor der Blüte, die Pimpernelle hat wieder kräftig grüne Horste gebildet, der Sauerampfer strotzt nur so vor Grün, die Zitronenmelisse scheint zu explodieren, der junge Borretsch ist bereits aufgegangen und der kälteliebende Kerbel muss geerntet werden.

Eine Handvoll von diesem frischen und gesunden Grün nehme ich mit in die Küche, denn ich brauche sie für eine belebende Frühjahrskur.

Mit den geernteten Kräutern bereite ich ein sehr gesundes und wohlschmeckendes Kräuter-Mixgetränk zu, das den Vitamintank wieder auffüllt, der nach den langen Wintermonaten ziemlich geleert ist. Mixgetränke aus frischen Zutaten kennt man heute eher unter dem Namen „Smoothies“

„Wenn ich es mir recht überlege – ganz schön lecker, so ein grüner Smoothie!“

Grünzeug-Mixgetränk – die Vitaminbombe für eine Frühjahrskur

Das Grüne nach unten – so könnte man die Reihenfolge beschreiben, die in den Mixer kommt. Also erst das Blattgrün, dann die schweren Bestandteile, wie z. B. das Obst und die Karotten. Jetzt im Frühjahr gibt es nur noch Äpfel aus dem Lager oder eingemachtes Obst. Später kommen Erd- und Himbeeren dazu. Wer Ingwer liebt, gibt noch ein walnussgroßes, geschältes Stück davon in das gesunde Getränk.

für 1 Liter Saft

*1 Handvoll frische Gartenkräuter**
1 Handvoll Salat- und Spinatblätter
250 g Obst und Karotten
event. Ingwer
Wasser, Apfel- oder Orangensaft

*für mich am liebsten die säuerlich oder scharf schmeckenden wie Sauerampfer, Borretsch, Pimpernelle, Kresse oder Zitronenmelisse. Aber auch das Grüne von Radieschen oder Karotten passen. Selbst Wildkräuter wie Vogelmiere, Gundermann, Giersch kommen ins Glas.

PFINGSTROSEN

Pfingstrose, die Königin des Frühlingsgartens

Das Gartenjahr nähert sich einem neuen Höhepunkt. Bereits im April öffnen sich die ersten spektakulären Blüten der Pfingstrosen, die mich seit meiner Kindheit begeistern. Damals durften wir von der Bauernpfingstrose im Garten meiner Mutter die blutroten Blüten abschneiden um damit den Weg der Fronleichnam-Prozession zu markieren. Vor den Altären hatten Frauen wunderschöne Blütenteppiche mit verschiedenfarbigen Pfingstrosenblüten ausgelegt, die meistens nur ein paar Stunden lang hielten. Eigentlich die reinste Verschwendung, aber die Bilder sind bis heute im Kopf geblieben.

Ich mag Pfingstrosen nicht nur wegen ihrer grandiosen Blüte, die oft nach 14 Tagen schon wieder vorbei ist. Wenn man sie allerdings geschickt kombiniert und sich

Früh blühende Strauchpfingstrosen.

Fruchtbare und unfruchtbare Samen in einer Samenschote der Krim-Pfingstrose.

Früh blühende Pfingstrose.

mehrere Arten in den Garten holt, dauert die Blütezeit drei Monate lang. Sie beginnt im April und endet im Juni. Den Anfang macht die Krim-Pfingstrose (Paeonia daurica). Schon zu Beginn fällt ihr kräftiger und rötlichfarbiger Blattaustrieb auf. Kurze Zeit danach erscheinen die atemberaubend schönen, ungefüllten Blütenschalen in Farben so zart wie Porzellan. Wenn die Blütenblätter nach kurzer Zeit abfallen, entstehen Samenkapseln, die an kleine Narrenkappen erinnern. Sie wachsen allmählich zu dicken Schoten heran. Eines Tages im August platzen sie auf und geben endlich preis, wie viele fruchtbare Samen sich unter der Schale entwickelt haben. Oft sind es nur wenige dicke, schwarze Perlen, die zu neuen Pflanzen heranwachsen können. Die meisten Samen sind unfruchtbar geblieben, aber ihr Korallenrot setzt im Herbst leuchtende Akzente. Und damit immer noch nicht genug.

Erstaunlich schön sind auch die großen, runden Blätter mit der frischen maigrünen Farbe, die selbst noch im Schatten leuchtet. Entgegen aller Empfehlungen stehen meine Krim-Pfingstrosen nicht in der vollen Sonne, sondern gedeihen selbst noch unter dem Apfelbaum oder am Gehölzrand prächtig. Die Korallenpfingstrose, wie die Art auch genannt wird, ist selten. Man kann sie kaum aus der Wurzel vermehren. Man muss sie aus Samen ziehen und es kann 5 Jahre dauern, bis aus der schwarzen Perle eine Pflanze heranwächst, die endlich blüht.

Basilikum
Minzen
Rhabarber
Sempervivum

DER GARTEN IM MAI

Eine alte Bauernregel besagt: Erst Mitte Mai ist der Winter vorbei. Und richtig: Die Erfahrung hat mich gelehrt mit empfindlichen Kulturen bis nach den Eisheiligen zu warten. Gerade in den frühen Morgenstunden dieser „gefährlichen" Tage fällt schon mal die Temperatur kurz vor Sonnenaufgang gnadenlos zurück und erreicht schnell Minusgrade von 0 bis minus 5° C. Dann zahlt es sich aus, dass Tomaten, Zucchini, Chili, Paprika, Auberginen oder Basilikum in Sicherheit gebracht wurden.*

Jedoch für die bereits frisch ausgetriebenen Blätter und Fruchtansätze unseres Walnussbaumes bedeuten Minusgrade das Aus. Die Blätter wachsen im Juni zwar wieder nach, aber mit der Walnussernte ist es dann für dieses Jahr vorbei.

**Die Tage der Eisheiligen wurden nach den 5 Heiligen benannt, die vom 11. bis 15. Mai Namens- oder Gedenktage haben.*

BASILIKUM IM GARTEN

Basilikum ist eine Pflanze, die nur im Warmen gedeiht. Das Kraut gehört zu den Lichtkeimern und benötigt zur Keimung besondere Lichtverhältnisse, die ich ihm auf meiner Fensterbank nicht bieten kann. In Gärtnereien bestrahlt man in der dunklen Jahreszeit Basilikumsamen mit infrarotem Licht. Ohne diese Hilfe ist die Keimfähigkeit im Haus stark vermindert. Deshalb warte ich mit der Aussaat bis Ende April und kann infolgedessen auch erst ab Juli frisches Basilikum ernten.

Damit ich die Erntezeit etwas vorverlegen kann, kaufe ich im Bio-Supermarkt oder in der Gärtnerei 3 dicht bepflanzte, gut gewachsene Basilikum-Töpfe (Durchmesser 11 cm, Fassungsvermögen 500 ml) mit erntereifem Basilikum. Die Zweige schneide ich um die Hälfte zurück. Wichtig ist, dass man den Schnitt direkt oberhalb einer Blattachse ansetzt. Die geernteten Blätter lege ich zur Seite und verarbeite sie später. Dann breche ich die Pflanze in 5 – 6 Teile und setze sie in ein neues, großes Pflanzgefäß. Ich nehme dafür kleine Zinkwannen mit einem Fassungsvermögen von 10 Litern, in deren Boden ich vorher Löcher gebohrt habe. Diese fülle ich mit einer besonderen **Erdmischung** (s. S. 70). In jede Wanne kommt eine geteilte Pflanze, die dadurch die Möglichkeit erhält, sich auf das 20fache ihres ursprünglichen Volumens auszubreiten. Die Gefäße stelle ich in den Garten. Sie müssen erst langsam an die neuen Standortverhältnisse gewöhnt werden. Also bekommen sie zunächst ein schattiges Plätzchen. Nach einer Woche

Tipp:

Erdmischung für Basilikum

ein Teil Gartenerde, ein Teil reifer Kompost und ein Teil grobes Staudenkultursubstrat (z. B. Fruhstorfer Erde Typ T1)

werden sie immer näher an ihren sonnigen endgültigen Platz geschoben, wo sie einen ganzen Sommer lang bleiben. Ich habe nämlich die Erfahrung gemacht, dass Basilikum in großen Pflanzkübeln oft besser gedeiht als im Beet.

Die Gattung *Ocimum*, wie Basilikum mit botanischem Namen heißt, umfasst weltweit über 60 Arten, von denen nur einige als Würzkraut verwendet werden. Sie unterscheiden sich von ihrem Aroma her deutlich voneinander. So schmecken die Mittelmeertypen pfeffrig süß, leicht nach Anis und Gewürznelken. Andere Sorten schmecken nach Zimt oder Zitrone. In asiatischen Sorten dominieren Anis und Kampfer.

Im Handel werden nur einige wenige Sorten angeboten, meistens ist es das großblättrige „Genoveser Basilikum". Wenn ich einmal eine andere Sorte ausprobieren möchte, säe ich selber aus. Dafür befülle ich Anfang Mai eine Multitopfplatte mit Aussaaterde. In jedes der Minitöpfchen kommen 4 – 6 Samen. Ab Mitte Mai stelle ich diese nach draußen. Wenn die Pflanzen gut durchwurzelt sind, kommen sie in ein großes Pflanzgefäß oder – wenn noch Platz ist, direkt ins Beet. Basilikum benötigt einen sonnigen, humosen und feuchten Standort. Bei Trockenheit muss es gegossen werden.

Basilikum-
Platz

MINZEN IM GARTEN

Es gibt von den Minzen so viele verschiedene Arten und Sorten, dass sogar ein Mönch namens Walahfrid Strabo im Mittelalter daran fast verzweifelte. Er schrieb: „Wenn aber einer alle Minzenarten hersagen könnte, dann müsste er auch eigentlich wissen, wie viele Fische sich im Roten Meer tummeln …“*

Minzen neigen mit ihren langen Ausläufern zum Wuchern. Wenn sie sich wohl fühlen, breiten sie sich im Nu im ganzen Beet aus. Deshalb setze ich sie gerne in alte Töpfe oder Wannen, in die ich vorher mehrere Löcher gebohrt habe. Die Töpfe befülle ich mit demselben Substrat wie für Basilikum (s. S. 70). Die Gefäße grabe ich bis zu einem Drittel in die Erde. Die Wurzelausläufer haben nämlich die Unart, über den Topf-Rand zu springen und im Beet weiterzuwachsen. Wer einen Platz im Garten hat, an dem Minzen ungestört wachsen können, sollte sie natürlich besser auspflanzen. Denn wegen ihrem Drang zur Ausbreitung müssen sie spätestens alle 2 Jahre wieder neu getopft werden. Minzen bevorzugen einen humusreichen, feuchten Standort und wachsen gerne im Halbschatten.

** Walahfrid Strabo lebte von 808 – 849. Er war Abt im Kloster Reichenau. Er schrieb im Jahr 840 ein Buch über die Gartenpflege, bekannt auch als Hortulus. In Versform beschreibt er darin 24 Heilpflanzen.*

RHABARBER – OBST ODER GEMÜSE?

Rhabarberstaude

Rosen- oder Himbeer-Rhabarber. Bei ihm ist nicht nur die Schale rot, sondern teilweise auch das Fruchtfleisch. Seine Schale ist so zart, dass er nicht geschält werden muss.

In meinem Garten wächst im Mai eine riesige Pflanze heran, die fast schon exotisch anmutet. Die Pflanze heißt Rhabarber und fast alle, die ihn kennen, denken an eine typische, uralte deutsche Bauerngartenpflanze. Tatsächlich kommt das Gewächs ursprünglich vom Himalaya und wurde erst im 18. Jahrhundert über Russland in unsere Gärten importiert. Da er meistens zu Kompott, Gelee oder Kuchen verarbeitet wird, ordnen ihn viele dem Obst zu. Das ist nicht ganz richtig, denn weil man die Stängel und nicht die Frucht isst, zählt man ihn zum Gemüse.

Rhabarber ist eine ausdauernde unverwüstliche Staude, die im Winter ihre Blätter einzieht. Im Frühjahr treiben sie aus Knospen wieder aus und bis Johanni (24. Juni) werden die Stängel geerntet. Danach braucht die Pflanze eine Ruhephase, damit sie neue Kraft für das nächste Jahr sammeln kann. Außerdem steigt Ende Juni der Oxalsäuregehalt in den Stielen langsam an. Oxalsäure ist in höherer Konzentration gesundheitsschädlich. Rhabarber benötigt einen nährstoffreichen, tiefgründigen Boden. Im Frühjahr wird er mit Kompost gedüngt und in trockenen Jahren muss man ihn in der Wachstumsphase einmal wöchentlich gießen, damit er schöne kräftige Stängel bildet. Vom Rhabarber gibt es verschiedene Sorten. Zum Kochen und Backen bevorzuge ich die rotstängeligen. Sie haben einen milderen Geschmack und weisen einen geringeren Anteil an Frucht- und Oxalsäure auf als die rein grünen Sorten, die aber dafür besser wachsen. Seit einiger Zeit gibt es eine Rhabarbersorte, die noch milder ist als die herkömmlichen. Der Stängel ist auch teilweise unter der Schale rot gefärbt. Er ist bekannt als Himbeer- oder Rosenrhabarber. Die Haut dieser Sorte ist so zart, dass sie nicht geschält werden muss.

Kleiner Blumenstrauß aus geschossenen Rhabarberstängeln und Schnittlauchblüten

Im Mai blühen auch schon die ersten Rosen, hier die halb gefüllt blühende Sorte einer Weinrose (Rosa rubiginosa).

BASILIKUM, MINZE UND RHABARBER IN DER KÜCHE

Basilikum

Von all den verschiedenen Sorten und Arten Basilikum, bei denen man leicht den Überblick verlieren kann, ist mir die großblättrige Sorte ‚Genoveser Basilikum' und das ‚Provence Basilikum' mit den schmalen Blättern am liebsten. Auch ein rotblättriges Basilikum gehört ins Sortiment, denn mit ihm lassen sich Platten farbenfroh dekorieren.
Basilikum eignet sich nicht zum Trocknen oder Einfrieren. Am besten schmeckt es frisch oder in Öl eingelegt – z. B. als Pesto.

Kartoffeln mit Basilikum-Feta

1 kg kleine neue Kartoffeln
6 EL Öl
400 g Schafskäse (Feta)
2 Knoblauchzehen
1 Bund Basilikum
Salz, Pfeffer
Sesamsamen

Kartoffeln mit einer Wurzelbürste säubern und der Länge nach halbieren. Das Öl in die Fettpfanne des Backofens geben und die Kartoffeln mit der Schnittfläche nach unten einschichten. Im vorgeheizten Backofen bei 200° C (Gas Stufe 3, Umluft 180° C) 20 Minuten backen.
Inzwischen den Schafskäse mit einer Gabel zerdrücken. Basilikum fein hacken, Knoblauchzehen durchpressen. Alles mischen und mit Salz und Pfeffer abschmecken.
Kartoffeln aus dem Backofen nehmen und umdrehen. Jeweils 1 TL vom Kräuterkäse auf die Kartoffeln geben und mit Sesamsamen bestreuen. Alles im Backofen noch mal kurz übergrillen. Dazu gibt es grünen Salat.

Tipp:
Falls noch etwas von der Käsemasse übrig bleibt: Sie eignet sich ganz toll als Belag auf Baguette.

Basilikum

Hähnchensandwich mit Basilikum-mayonnaise

Basilikum im Blitzhacker klein hacken und mit 2 EL Olivenöl vermischen. Alle Zutaten in ein hohes, schmales Gefäß geben. Einen Pürierstab in das Gefäß tauchen und einschalten. Langsam nach oben ziehen. Sollte die Mayonnaise noch nicht fest genug werden, noch mal den angeschalteten Pürierstab von unten nach oben ziehen.

Basilikummayonnaise:
1 Bund Basilikum
Die weiteren Zutaten müssen eiskalt sein:
¼ l Olivenöl
1 Ei
Pfeffer, Salz
Saft von ½ Zitrone
1 TL Senf

Minze

Manchmal werfe ich gerne einen Blick über den Gartenzaun und koche Gerichte aus fernen Ländern. So kocht man im Orient gerne mit Minze. Für das folgende Rezept habe ich mir von dort Inspirationen geholt und es nach meinem Geschmack abgewandelt.

2 Zwiebeln
100 g Paradina Linsen
1 große Dose Kichererbsen (800 ml)
1 Bund Minze
Öl zu Braten
1 TL Currygewürz (Rezept s. S. 151)
1,5 l Wasser
3 EL Gemüsebrühe-Konzentrat (Rezept s. S. 46)
2 Knoblauchzehen
2 EL Reis
400 g Joghurt, 3,5% Fett
150 g griechischer Joghurt, 10 % Fett
Saft von einer Zitrone
Harissa (Rezept s. S. 202) nach Geschmack
Salz, Pfeffer
Fladenbrot

Orientalischer Eintopf mit Kichererbsen, Linsen und Minze

Zwiebeln schälen und fein würfeln. Linsen waschen und abtropfen lassen. Kichererbsen abtropfen lassen. Minze waschen und fein hacken.

Zwiebeln im Öl anbraten und Curry dazugeben. Mit Was-

ser ablöschen, 15 Minuten köcheln lassen. Kichererbsen, durchgepressten Knoblauch und Gemüsebrühe-Konzentrat dazugeben und weitere 15 Minuten köcheln, dann die Herdplatte ausschalten.
Joghurt, griechischen Joghurt und Minze in eine Schüssel geben und gut mischen. 5 EL von der heißen Suppe dazurühren. Die Suppe darf jetzt nicht mehr kochen. Den restlichen Joghurt langsam in die Suppe rühren. Mit den Gewürzen abschmecken. Dazu gibt es Fladenbrot.

Minzezucker

100 g Zucker
20 g frische oder 10 g getrocknete Minze

Zucker und Minze in einem Blitzhacker fein hacken.

Schoko-Minze-Plätzchen

150 g dunkle Schokolade
150 g Minzezucker (Rezept s. S. 79)
175 Mehl
30 g Kakao
1 TL Backpulver
1 Msp. Salz
150 g weiche Butter

Schokolade fein reiben. Mehl, Kakao, Backpulver und Salz in einer Schüssel mischen. Geriebene Schokolade und Butter dazugeben und zum Teig verkneten. Der Teig darf noch leicht krümelig sein. In 2 Portionen teilen, auf Frischhaltefolie 2 Rollen daraus formen und für 2 Stunden in den Kühlschrank legen.

Die Teigrollen aus dem Kühlschrank nehmen, erst in Scheiben schneiden, dann zu Kugeln rollen und auf ein mit Backfolie ausgelegtes Backblech legen. Im vorgeheizten Backofen bei 180° C (Gas Stufe 3, Umluft 160° C) 12 Minuten backen.

Schokolade-Minz-Likör

50 g Zartbitterschokolade
25 g Kakaopulver
50 ml Minzesirup (Rezept s. S. 106)
200 ml Schlagsahne
100 ml Wodka 38%

Die Schokolade im heißen Wasserbad schmelzen. Kakaopulver mit Sirup glattrühren. Schlagsahne in einem hohen Topf aufkochen lassen, vom Herd ziehen, Kuvertüre und Sirupmischung mit dem Schneebesen einrühren. Abkühlen lassen. Wodka daruntermischen, in eine Flasche füllen, verschließen und im Kühlschrank aufbewahren.

Zum Schokolade-Minz-Likör schmeckt Stracciatella Eis.

Stracciatella-Eis

200 ml Milch
400 ml Sahne
3 Eigelb, 100 g Zucker
60 g dunkle Kuvertüre

Milch mit der Sahne aufkochen, von der Herdplatte nehmen und etwas abkühlen lassen. Eigelb und Zucker mit dem Handmixer schaumig rühren, dann mit einem Schneebesen in die heiße Sahnemilch geben, abkühlen lassen. Inzwischen die Schokolade in feine Stücke schneiden.

Ohne Eismaschine: Schokostückchen in die Sahne-Eigelbmasse geben, ins Gefrierfach stellen. 4 Stunden lang alle halbe Stunde mit einem Spatel gut verrühren. Mindestens weitere 4 Stunden gefrieren lassen.

Mit Eismaschine: Sahne-Eigelbmilch in die Eismaschine geben und gefrieren lassen. Die Schokostückchen in die eiskalte Masse geben, in einen Behälter füllen und weitere 4 Stunden im Gefrierfach fest werden lassen.

Vor dem Servieren 10 Minuten antauen lassen.

Rhabarber

Rosa Rhabarberkuchen, serviert neben einer Vase mit Rhabarberblüten.

Mürbeteig:

250 g Mehl
75 g Zucker
150 g Butter
Prise Salz
150 g Erdbeermarmelade

Biskuitteig:

4 Eier
75 g Zucker
150 g Mehl
1 TL Backpulver

Belag:

1 kg Himbeerrhabarber
250 g Zucker
12 Blatt Gelatine
200 ml Rotwein
400 ml Sahne
1 Päckchen Sahnesteif
100 g Blockschokolade

Rhabarber-Sahne-Kuchen

Aus Mehl, Zucker, Butter und Salz einen Mürbeteig kneten. Zwischen einer Silikonbackmatte und einem Bogen Backpapier ausrollen und mit dem Backpapier nach unten auf ein Backblech legen. Backmatte abziehen und das Blech für mindestens eine halbe Stunde in den Kühlschrank stellen. Dann den Mürbeteig im vorgeheizten Backofen bei 180° C (Gas Stufe 3, Umluft 160° C) 10 Minuten backen. Teig etwas abkühlen lassen, mit der Marmelade bestreichen.

Inzwischen für den Biskuit die Eier trennen. Eiweiß zu Schnee schlagen. Eidotter mit dem Zucker schaumig rühren, Mehl mit Backpulver mischen und unter die Ei-Zucker-Masse rühren. Eischnee vorsichtig unterheben.

Den Biskuitteig auf den Mürbeteig gießen, das Blech wie-

der in den Ofen schieben und bei 180° C (Gas Stufe 3, Umluft 160° C) 10 – 12 Minuten backen.
Der Himbeerrhabarber für den Belag muss nicht geschält werden. Einfach nur klein schneiden und mit Wein und Zucker aufkochen, Temperatur reduzieren und so lange kochen, bis der Rhabarber weich ist.
Gelatine in kaltem Wasser einweichen, ausdrücken und unter das heiße Rhabarberkompott rühren. Masse abkühlen lassen. Sahne mit Sahnesteif steif schlagen und mit dem kalten Kompott mischen.
Auf den abgekühlten Boden die Rhabarbersahne streichen und über Nacht kalt stellen. Mit geriebener Blockschokolade bestreuen.

Akelei

Basilikumeis mit rosa Pfeffer

400 ml + 2 EL Milch
200 ml Sahne
3 Eidotter
100 g Zucker
1 Bund Basilikum
2 TL rosa Pfeffer

400 ml Milch mit der Sahne aufkochen, von der Herdplatte nehmen und etwas abkühlen lassen. Eigelb und Zucker mit dem Handmixer schaumig rühren und dann mit einem Schneebesen in die heiße Sahnemilch rühren. Kalt werden lassen. Inzwischen das Basilikum im Blitzhacker klein schneiden. Mit 2 EL Milch mischen. Pfefferbeeren im Mörser zerkleinern.

Ohne Eismaschine: Sahnemilch, Basilikum und Pfeffer mischen und ins Gefrierfach stellen. 4 Stunden lang alle halbe Stunde mit einem Spatel gut verrühren. Mindestens weitere 4 Stunden gefrieren lassen.

Mit Eismaschine: Sahnemilch, Basilikum und Pfeffer mischen und in der Eismaschine gefrieren lassen. Das Eis in einen Behälter füllen, weitere 4 Stunden gefrieren lassen. Vor dem Servieren 10 Minuten antauen lassen.

Tipp:

Das Eis schmeckt pur am besten!

Sempervivum – auf immer und ewig

Wenn ich von meinem Garten erzähle, darf ich nicht die Haus- oder Dachwurzen vergessen. Mit botanischem Namen heißen sie Sempervivum. Das setzt sich aus den lateinischen Worten ‚semper' für ‚immer' und ‚vivus' für ‚lebend' zusammen. Glaubt man diesem Namen, sind sie also unsterblich. Sicherlich ist das ein bisschen übertrieben, denn spätestens wenn eine Rosette blüht, stirbt dieser Teil der Pflanze später ab. Wie viele verschiedene Arten es gibt, weiß man nicht genau – die einen sprechen von 40, die anderen zählen über 60 Arten – darüber sind sich nicht mal die Experten einig. Noch komplizierter wird es, wenn man die Sorten zählt. Man schätzt, dass es inzwischen weltweit mehr als 8.000 sind. Da sich Semperviven oft untereinander kreuzen und sich daraus immer wieder neue Formen und Farbschattierungen ergeben können, ist

S. 85: Meine Topfpflanzensammlung mit Semperviven. Im Laufe der Jahre habe ich ungefähr 500 verschiedene Sorten und Arten gesammelt. Und die Begeisterung lässt nicht nach …

die Versuchung groß, sich eine ganze Sammlung anzulegen. Es gibt große Rosetten und kleine, glatte Blätter, behaarte, besponnene oder auch edel glänzende. Manche Rosetten wachsen ganz flach, andere kugelig oder aufrecht und spitz zulaufend. Und dann sind da noch die vielen Farbschattierungen. So gibt es z. B. ganz unterschiedliche Grüntöne wie gelbgrün, weißlich grün, graugrün, dunkelgrün, blaugrün oder oliv. Es gibt die verschiedensten Rot- oder Brauntöne bis hin zu fast schwarzen Tönen oder auch mehrere Farben zusammen. Ich bin immer wieder von Neuem überrascht, wie wandelbar Sempervivum ist und wie farbenprächtig sie sich gerade jetzt im Mai präsentieren.

Mein Herz schlägt für Sempervivum!

Damit sich die Hauswurzen richtig gut entwickeln, müssen sie in der vollen Sonne stehen. Man sagt Sempervi-

SEMPERVIVEN IM GARTEN

Verschiedene Pflanzungen mit Sempervivum

vum nach, dass sie pflegeleicht sind. Das ist auch richtig – wenn sie im Steingarten wachsen. Wer sich allerdings eine Sammlung in Töpfen zulegen möchte, muss sich ein bisschen mehr Zeit nehmen. Wenn eine Pflanze auf engstem Raum zeigen soll, was in ihr steckt, muss sie gedüngt werden. Im Sommer, wenn es heiß und trocken ist, muss die Topfpflanze 1- oder 2-mal in der Woche gegossen werden. Die meiste Zeit geht aber im Frühjahr zum Ausputzen drauf. Jedes Jahr sollten sie wenigstens einmal wieder hergerichtet werden. Dabei werden alte, „unordentlich“ aussehende Pflanzen neu getopft oder ausgetauscht, Moos und Unkraut werden entfernt, die obere Erdschicht wird durch neue Erde ersetzt und auch die Abdeckung mit Split wird bei Bedarf erneuert.

Tipp:

Wenn Sie mehr über Sempervivum wissen möchten, schauen Sie doch mal im Internet auf die Seite: www.sempervivum-liste.de. Die Seite ist ein Hauswurzlexikon in Wort und Bild, an dem ich mitarbeite.

Semperviven in Pflanzschalen, Balkonkästen oder Trögen bieten vielfältige Möglichkeiten, auf nur wenig Platz wunderschöne Miniaturlandschaften anzulegen. Diese darf man im Sommer mal gerne für einige Zeit sich selbst überlassen – zum Beispiel, um in den Urlaub zu fahren. Und im Winter müssen sie nicht ins Haus geräumt werden; Sempervivum lässt man draußen stehen. Als Gebirgspflanze macht ihnen Kälte nichts aus.

Nur eines nehmen sie einem sehr übel: Staunässe! Das vertragen sie überhaupt nicht.

Übrigens: Im Mai beginnen Hauswurze wieder neue Ableger zu bilden. Man nennt sie auch Kindel. Beobachten Sie doch einmal, in welcher Art und Weise sich die Kindel den Weg in ihr neues Leben bahnen: Manche kleben fest an ihrer Mutter, manche bilden eine äußerst lange „Nabelschnur" oder richtiger gesagt Stolone, um sich weit von der Stammmutter zu entfernen, aber sich noch immer von ihr zu ernähren. Sie überspringen dabei mehrere Töpfe. Andere bilden sehr dicke Stolonen, andere wiederum hauchdünne und andere quetschen sich im wahrsten Sinne des Wortes aus den Rippen – pardon – den Blättern ihrer Mütter und kullern von Anfang an selbstständig in die Welt. Beobachten Sie das einmal: Die Art, wie sich die Kindel von ihren Müttern entfernen, ist eines der vielen Bestimmungsmerkmale von Sempervivum.

Die „Kindelstation" in meinem Garten

TIPPS ZUM PFLANZEN VON SEMPERVIVEN

Das richtige Pflanzensubstrat (Topferde)

2 Teile grobe Staudenerde (z. B. von Fruhstorf, Typ T1), 1 Teil mineralische Beimischung wie gestoßener Blähton, Blähschiefer, Perlite, Eifellavasplitt oder anderer Splitt in feiner Körnung. Sand ist nicht günstig, weil er vermoost. Der Boden um die eingepflanzten Dachwurzen wird dünn mit Splitt abgedeckt. Das verhindert einerseits schnelles Austrocknen des Pflanzensubstrates, hält aber andererseits den Wurzelhals und die unteren Blätter trocken und vermindert das Ansiedeln von Moos und Unkräutern in den Töpfen.

Der richtige Pflanzbehälter

Sempervivum kann man überall einpflanzen. Egal ob Tontöpfe, altes Küchengeschirr, rostige Dosen, Naturstein- oder Zementtröge. Wichtig ist, dass im Boden genügend Wasserabzugslöcher vorhanden sind.

Begleitpflanzen

Alle Steingartenpflanzen, die ebenfalls die volle Sonne vertragen, passen gut zu Dachwurzen. Dazu zählen Felsennelken, kleine Storchschnabelarten, Grasnelken, flacher Thymian, kleine Laucharten, kleine Irisarten, Blaugras, Mannschild, Rosenwurz, Steinbrecharten und viele, viele mehr. Schauen Sie sich einmal in der Steingartenabteilung Ihrer Staudengärtnerei um.

Düngen

In der Natur oder im Steingartenbeet müssen Sie Ihre Pflanzen nicht düngen. Ebenso enthält das Substrat von frisch getopften Pflanzen genügend Dünger und muss deshalb in den ersten Monaten nicht zusätzlich gedüngt werden. Ältere Töpfe und Kübel werden von April bis August 1 mal im Monat mit Flüssigdünger versorgt. Dafür gibt man ins Gießwasser die Hälfte der empfohlenen Menge.

Estragon, Baumspinat Mangold Sirup kochen

ESTRAGON IM GARTEN

Estragon

Vor vielen Jahren hat mir eine Nachbarin einmal eine Kräuterpflanze geschenkt, die sie aus Frankreich mitgebracht hatte. Sie verriet mir, dass dieses Kraut in der französischen Küche ein Geheimtipp sei. Ich wusste damals noch nicht, um welche Pflanze es sich handelte, die so intensiv nach Anis schmeckte und auf der Zunge bitzelte.
Als wir vor über 30 Jahren umzogen, nahm ich einen Teil des Krautes mit und pflanzte es ein. Heute steht es immer noch im Garten und ich weiß längst, dass die Pflanze, die mir damals meine Nachbarin geschenkt hat, ein französischer Estragon (Artemisia dracunculus) ist. Und ich weiß, wozu die Pflanze, die auch „kleiner Drachen" genannt wird, am besten schmeckt.

Vom Estragon wachsen in den Gärten zwei verschiedene Formen: der russische und der aromatische Estragon, der auch unter den Namen deutscher oder französischer Estragon bekannt ist. Der russische Estragon wird durch Aussaat gewonnen. Er kann sehr hoch werden und Ausläufer bilden. Diese stark wachsende Pflanze wird meistens im Handel angeboten. Leider ist diese Pflanze nicht so delikat wie der aromatische Bruder. Deshalb empfehle ich für den Garten nur den deutschen oder französischen Estragon. Es heißt zwar, diese Art sei sehr frostempfindlich, was ich aber nicht bestätigen kann, denn sie hat schon Fröste von minus 20° C überlebt. Und dass das Kraut nicht sehr starkwüchsig ist, liegt in seiner Natur.

Im Frühjahr versorge ich den Estragon mit einer Portion Kompost und alle 4 – 5 Jahre wird er geteilt. Das erhält die Vitalität der Pflanze. Die Hälfte der Würzstaude kommt auf einen neuen Platz und den Rest topfe ich ein und verschenke ihn.

Übrigens: Der aromatische Estragon vermehrt sich nur vegetativ. Die Pflanze bildet nämlich keine keimfähigen Samen. Die Teilung erfolgt noch vor der Blütenbildung im Juni. Dazu gräbt man die Pflanze aus, schneidet die Triebe um 2/3 zurück und teilt sie in größere Stücke, die dann direkt ins Beet gepflanzt werden. Wichtig ist, dass man die geteilte Pflanze gut feucht hält, bis sie angewachsen ist.

Teilt man die Wurzelausläufer in kleinere Stücke erhält man mehrere Pflanzen, die zunächst einmal in Töpfe gepflanzt werden. Bis zum frühen Herbst entwickeln sich kompakte Wurzelballen und die Pflanze kann ins Beet ausgepflanzt werden. Winterschutz ist im ersten Jahr ratsam. Dafür bedeckt man die Pflanzen dick mit Blättern oder Tannenreisig.

Wenn man den Estragon nach der Blüte nochmals ca. 20 cm über dem Boden zurückschneidet, wächst die Pflanze nach und man verlängert damit die Erntezeit für Estragon.

Eine Estragonpflanze wurde ausgegraben, geteilt und eingetopft.

ESTRAGON IN DER KÜCHE

Estragon passt traditionell zu hellen Soßen, z. B. zu Geflügel, Fisch und Gemüse, aber auch zu Quark oder Joghurt. Ich gebe das Kraut kurz vor dem Servieren zum jeweiligen Gericht.

Estragon lässt sich nicht gut konservieren. Wenn Estragon zurückgeschnitten wird, hat man viel Material übrig, das man nicht sofort verbrauchen kann. Ich mixe daraus dann ein Pesto. Nicht mehr als ein bis zwei Gläser, denn Estragon-Pesto hält sich selbst im Kühlschrank maximal zwei Wochen. Auch eine Mischung aus Öl und Blättern – eine sogenannte Estragon-Paste – hält sich nur vier Wochen im Kühlschrank, danach schmeckt sie nicht mehr. Somit gibt es nur während der Saison Estragon und die dauert immerhin von April bis September.

Tipp:

Estragon-Kartoffeln sind schnell gemacht:
Pro Person 200 g kleine, neue Kartoffeln gut abbürsten. Mit der Schale in dicke Scheiben schneiden und braten, bis sie innen weich und außen knusprig sind. Salzen, pfeffern und mit gehacktem, frischen Estragon bestreuen. Wir mögen sie am liebsten zum Spargel.

Estragon-Pesto

Die Estragonblätter werden gewaschen trocken geschleudert, die Mandeln gehackt und in einer Pfanne ohne Fett geröstet und der Knoblauch durch die Presse gedrückt. Estragon, Mandeln, Knoblauch, Zitronensaft und Olivenöl in einen Mixer geben und pürieren. Dann mit dem Parmesan verrühren, mit Salz und Pfeffer abschmecken und in passende Gläser füllen.

Estragon-Pesto hält sich im Kühlschrank ca. 2 Wochen.

50 g frische Estragonblätter
50 g abgezogene Mandeln
1 – 2 Knoblauchzehen
100 ml Olivenöl
Saft einer Zitrone
50 g geriebener Parmesankäse
Salz, Pfeffer

Für die Kartoffeln:

1 kg Kartoffeln
4 EL Meersalz

Für die Mayonnaise:

1 frisches Ei
125 ml Olivenöl (oder ein geschmacksneutrales Öl wie z. B. Distel- oder Rapsöl)
2 Knoblauchzehen, durchgepresst
Saft von ½ Zitrone
½ TL Senf
Pfeffer und Salz
Estragonblätter, fein gehackt nach Geschmack

Tipp:

Estragon-Pesto und Estragon-Mayonnaise eignen sich hervorragend zu Fisch und Geflügel

Neue Kartoffeln mit Estragon-Pesto und Estragon-Mayonnaise

Kartoffeln gründlich waschen, in einen Topf geben, zur Hälfte mit Wasser auffüllen, das Salz dazugeben. Zugedeckt ca. 20 – 30 Minuten garen, das Wasser abgießen. Kartoffeln so lange im heißen Topf hin und her bewegen, bis sich auf der Schale eine dünne weiße Salzkruste gebildet hat.

Ei, Öl, Knoblauch, Zitrone und Senf sollten aus dem Kühlschrank kommen. Je kälter diese Zutaten sind, desto fester wird die Mayonnaise. Alles in ein hohes, schmales Gefäß geben. Den ausgeschalteten Pürierstab bis zum Gefäßboden eintauchen, dann einschalten und langsam nach oben ziehen – fertig ist die Mayonnaise, die jetzt nur noch abgeschmeckt werden muss.

4 Personen

500 g Spaghetti
1 Zwiebel
Öl zum Anbraten
1 Knoblauchzehe
1 EL Mehl
100 ml Weißwein
250 ml Gemüsebrühe (Rezept s. S. 46)
300 g Frischkäse
1 Bio-Zitrone
Blätter von 1 – 2 Estragonzweigen oder 2 EL Estragon-Pesto (Rezept s. S. 95
Pfeffer, Chilisalz (Rezept s. S. 218)

Spaghetti mit Zitronen-Estragon-Soße

Spaghetti nach Anweisung in 7 – 8 Minuten al dente kochen. Zwiebel fein hacken und in Öl anbraten. Knoblauchzehe durch eine Presse drücken und dazugeben. Mit Mehl bestäuben und mit Wein und Gemüsebrühe ablöschen, den Frischkäse unterrühren. Zitronensaft und abgeriebene Schale dazugeben. Nach Geschmack mit Chilisalz, Salz und Pfeffer abschmecken. Fein gehackten Estragon oder Estragon-Pesto unterrühren.

Tipp 1:

Sie können das Gericht auch mit Fisch zubereiten. Schneiden Sie 300 g Fischfilet in mundgerechte Stücke, salzen und pfeffern und ca. 5 – 6 Minuten in der Soße mitdünsten

Tipp 2:

Zu den Spaghetti passt ein Rucolasalat mit Tomaten, Zwiebeln und Parmesanspänen.

BAUMSPINAT IM GARTEN

Baumspinat

Mögen Sie im Sommer gerne frischen Spinat? Leider muss man dann auf Kühlware zurückgreifen. Spinat gedeiht nur im Herbst oder im Frühjahr; wenn es wärmer wird, schießen die Pflanzen. Deshalb steht in meinem Beet der Baumspinat oder Riesengänsefuß (Chenopodium giganteum). Die Pflanze, die ursprünglich aus Indien kommt, kann in einem nährstoffreichen und feuchten Boden über 3 Meter hoch werden. Die neuen Austriebe sind magentarot, was die Pflanze sehr hübsch aussehen lässt. Junge Blätter kann man bis in den Herbst hinein ernten, sie verlieren beim Kochen ihre Farbe und werden grün. Ältere Blätter sollten nicht mehr verwendet werden, denn sie enthalten Oxalsäure. Wenn die Blütezeit einsetzt, schneide ich einen großen Teil der Stängel zurück, damit sich die Pflanze nicht zu sehr ausbreitet.

Baumspinat im Beet.

Ausgesät wird die Pflanze im April in ein gut mit Humus versorgtes Beet, das sonnig liegt. Aber auch im Halbschatten gedeiht sie noch gut. Bei Trockenheit sollte sie gegossen werden. Ich lasse im Sommer ein paar Zweige mit Samen stehen, damit ich auch im nächsten Jahr wieder Baumspinat zur Verfügung habe. Die Pflanzen sterben bei Frost ab, aber der Samen überwintert ohne weiteres im Freien.

BAUMSPINAT IN DER KÜCHE

Mein Sommerspinat: Baumspinat oder Riesengänsefuß

In der Küche verwendet man den Baumspinat wie Spinat. Also zum Beispiel mit einem Spiegelei, zu Spinatsuppe oder als Spinatröllchen.

Spinatröllchen nach griechischer Art

500 g Baumspinatblätter
2 Zwiebeln
3 Knoblauchzehen
200 g Schafskäse
2 EL Bärlauchpaste (Rezept s. S. 54)
1 Ei
2 – 4 EL Olivenöl
Salz und Pfeffer
6 Blätter Filoteig aus dem Kühlregal

Baumspinatblätter in kochendem Salzwasser kurz blanchieren, auf einem Sieb abtropfen lassen und grob hacken. Die Zwiebeln würfeln und in einer Pfanne andünsten. Den Knoblauch klein schneiden und dazugeben. Vom Herd ziehen, mit dem Baumspinat mischen und alles abkühlen lassen. Schafskäse mit der Gabel zerkrümeln, Bärlauch-Paste und Ei dazugeben, mit Salz und Pfeffer abschmecken und unter den Baumspinat rühren.

1 Filo-Teigblatt mit Olivenöl bestreichen. Darauf ein zweites und drittes Teigblatt legen und ebenfalls jeweils dünn mit Öl bestreichen. In 6 gleichmäßige Rechtecke schneiden. Das Ganze wiederholen, sodass man insgesamt 12 Rechtecke erhält.

Auf jedes Teigrechteck ca. 1 Esslöffel Spinatmasse geben und aufrollen. In einer schweren Pfanne in dem restlichen Olivenöl goldgelb anbraten.

MANGOLD IM GARTEN

Eine Rübe namens Mangold

Wer hätte das gedacht: Mangold ist mit der Zuckerrübe verwandt! Wenn man sich die beiden Pflanzen einmal näher betrachtet, findet man bei den Blättern sogar eine gewisse Ähnlichkeit. Tatsächlich hat man früher aus den Wurzeln des Mangolds Zucker gewonnen. Heute verwendet man von dem Gemüse nur noch die Blätter oder Stiele.
Vom Mangold gibt es zwei Kulturarten: Zum einem ist das der Schnittmangold oder auch Römischer Kohl. Er liefert nur Blätter. Zum anderen ist das der Stielmangold, von dem Blätter und Stiele verwendet werden. Und davon handelt dieses Kapitel.

Mangold ist ein Gemüse für Gartenanfänger. Er liebt einen sonnigen oder halbschattigen Platz und humusreichen Boden. Die Aussaat erfolgt von April bis Juni direkt ins Beet. Man kann ihn aber auch ab März schon vorziehen. Die jungen Pflanzen müssen frühzeitig auseinandergesetzt werden. Zwischen den Pflanzen sollten mindestens 30 cm Abstand sein. Nur dann entwickeln die Pflanzen große und kräftige Blätter und Stiele und sind nicht so anfällig für Mehltau. Wer nur wenig Platz im Garten hat, sollte bereits vorgezogene Pflanzen kaufen. Die Gärtnereien bieten sehr oft Mangold mit unterschiedlichen Blatt- und Stielfarben an. Das garantiert fröhliche bunte Farben im Gemüse- oder sogar im Staudenbeet. Setzen Sie die Pflanze also ruhig mal zwischen Ihre Blumen. Vom Mangold erntet man immer nur die äußeren Blätter. Das Herz bleibt stehen, denn von

Mangoldernte

dort werden den ganzen Sommer über immer wieder neue Blätter nachgeschoben. So kann man das Gemüse bis zum ersten Frost schneiden. Mangold sollten Sie vor Schnecken schützen, denn auch die lieben die Blätter.

Mangold ist eine zweijährige Pflanze. Sie übersteht im Garten milde Winter und bildet im nächsten Jahr Blüten und Samen, bevor sie dann abstirbt.

MANGOLD IN DER KÜCHE

Mangold bereite ich ähnlich wie Spinat zu. Er ist vielseitig verwendbar und eignet sich für Suppen, Aufläufe, Gemüsekuchen. Die Blätter kann man mit Fleisch oder Gemüse füllen. Außerdem lässt er sich wunderbar im Wok für chinesische Rezepte verwenden.

Für den Mangold:

100 g Pekannüsse
500 g Stielmangold
2 EL Öl zum Anbraten
1 Zwiebel
1 walnussgroßes Stück Ingwer
1 Knoblauchzehe
100 ml Gemüsebrühe (Rezept s. S. 46)
Öl zum Braten
1 EL Mehl
100 ml Sahne
Salz, Pfeffer, Muskatnuss

Mangoldgemüse mit Pekannüssen und geschmorter Putenkeule

Pekannüsse in einer Pfanne ohne Fett hellbraun rösten, zur Seite stellen. Mangold waschen, Blätter von den Stielen trennen. Stiele in feine Stifte schneiden, Blätter hacken. Zwiebel würfeln. Öl in einer Pfanne erhitzen und Zwiebelwürfel darin leicht bräunen. Mangoldstiele dazugeben, kurz anbraten und mit der Gemüsebrühe ablöschen. Hitze reduzieren und 5 Minuten dünsten. Ingwer fein reiben, Knoblauch durch eine Presse drücken und mit den Mangoldblättern in die Pfanne geben. Weitere 5 Minuten dünsten. Mit Pfeffer, Salz und frisch geriebener Muskatnuss würzen. Mit Mehl bestäuben und die Sahne einrühren. Mangold mit den gerösteten Nüssen zur Putenkeule servieren. Dazu gibt es Rosmarinkartoffeln.
Für die Putenkeule den Backofen auf 80° C (Gas Stufe 2, Umluft 70° C) vorheizen. In einer flachen Pfanne das Fett erhitzen. Das Fleisch in die Pfanne geben und bei hoher Temperatur von allen Seiten scharf anbraten. Salzen und pfeffern. Das goldbraun angebratene Fleisch wird in der Pfanne in den vorgewärmten Backofen geschoben. Die

Pfanne bleibt offen, damit die Keule von allen Seiten von der Wärme umgeben ist. Dann steckt man das Thermometer in das Fleisch. Dabei darf die Spitze des Thermometers nicht auf einen Knochen stoßen, das würde sonst das Ergebnis verfälschen. Wenn das Thermometer eine Innentemperatur von 70 – 75° C anzeigt, ist die Keule butterzart und gar. Das kann 4 – 5 Stunden dauern.
Die Keule wird nur noch mit Salz und Pfeffer gewürzt.
Man nennt diese Art der Zubereitung: garen nach der Niedrigtemperaturmethode. Dabei entsteht keine Soße. Trotz der langen Garzeit verbraucht diese Art der Zubereitung weniger Energie, als die Garmethode mit hoher Ofentemperatur.

Für die Pute:
(nach der Niedrigtemperaturmethode gegart)
1 Putenoberkeule, ca. 1 – 1,5 kg Gewicht
Fett zum Braten (z. B. Butterschmalz)
Salz, Pfeffer
1 Fleischthermometer

Sonntagsbraten: Putenkeule mit Mangold und Pekannüssen.

SIRUP KOCHEN

Mehr als Zuckerwasser – Sirup aus Kräutern und Früchten des Gartens

Ende Mai, Anfang Juni beginnt für mich die Zeit der Sirupkocherei. Waldmeister macht den Anfang. Dicht darauf folgen Holunderblüten-, Rhabarber-, Erdbeer-, Minze-, Zitronenverbene-, Lavendel-, Rosen- oder gar Rosmarinsirup.

Einen ganz besonderen Geschmack hat Rosensirup. In ihm sind die herrlichen Düfte des frühen Sommers gespeichert. Sirup wird zum Aromatisieren von Getränken wie Limonade, Sekt oder Cocktails verwenden oder zu Süßspeisen wie Joghurteis gegessen. Sirup eignet sich nicht für die Zubereitung von Sahneeis: Das Eis gerinnt wegen der Zitronensäure im Sirup.

Grundrezept für ca. 750 ml Sirup:

500 ml Wasser
500 g Zucker
1/2 TL Zitronensäure
20 – 50 g Kräuter oder Blüten (es kommt immer darauf an, wie intensiv die anzusetzenden Kräuter oder Blüten schmecken oder duften)

Das Wasser erwärmen und über die Kräuter gießen. Über Nacht stehen lassen. Kräuter oder Blüten durch ein Sieb abgießen. In das aromatisierte Wasser die Zitronensäure und den Zucker rühren. Das Ganze noch mal aufkochen und noch heiß in Flaschen füllen und verschließen.

Kleine Flaschen mit Sirup sehen hübsch aus: Zusammen mit einem selbst gebastelten Etikett machen sie als kleines Mitbringsel viel her.

Rhabarbersirup

Rhabarber ungeschält in Stücke schneiden und ihn in 2 l Wasser aufkochen und 30 Minuten bei geringer Hitze köcheln lassen. Den Saft durch ein Sieb gießen und den Rhabarber fest ausdrücken. Saft nochmals aufkochen, Zitronensaft und Zucker dazugeben und wieder 10 Minuten köcheln lassen. In saubere Flaschen füllen und sofort verschließen

2 kg Rhabarberstängel (wegen der schönen roten Farbe ist Himbeer-Rhabarber gut geeignet)
2 l Wasser
1 kg Zucker
Saft von einer Zitrone

Stark duftendes Rosenpotpourri für Sirup

Rosensirup

Den Sirup wie oben beschrieben herstellen. Vor der Verwendung pro Liter Sirup 50 ml Rosenwasser (aus der Apotheke) dazugeben. Das verstärkt das Aroma.
Rosensirup hält sich nicht lange, deshalb nur kleine Mengen herstellen.

500 ml Wasser
500 g Zucker
½ TL Zitronensäure
2 Handvoll unbehandelte Rosenblütenblätter

Sirup von Zitronenverbene

1 l Wasser
1 kg Zucker
1 Zitrone
40 g Zitronenverbene

Sirup wie auf S. 104 beschrieben herstellen. Statt Zitronensäure Saft von einer Zitrone dazugeben.

Tipp:

Auf dieselbe Art kann man auch Rosmarin- oder Minzsirup herstellen.

Die Zitronenverbene ist im Beet gut gewachsen. Ende Juni kann ich schon genügend Blätter für Sirup ernten.

Erdbeersirup

1 kg Erdbeeren
1,5 l kochendes Wasser
750 g Zucker
1 TL Zitronensäure

Erdbeeren waschen, putzen und mit kochendem Wasser übergießen. 20 Minuten ziehen lassen. Erdbeeren durch ein Sieb geben und gut ausdrücken. Das Wasser mit Zucker und Zitronensäure vermischen, nochmals aufkochen lassen und heiß in Flaschen füllen. Sofort verschließen.

Lavendel und Brombeeren im Garten

Lavendel, Brombeeren und Zucchini in der Küche

LAVENDEL IM GARTEN

Ab Ende Juni öffnen sich die ersten Blüten des Lavendels und hüllen das Kräuterbeet in eine blaue Duftwolke ein. Um die Pflanzen summen Bienen, Hummeln und Schmetterlinge, um auch noch etwas vom gedeckten Tisch der Natur zu erhaschen. Spätestens jetzt weiß ich, dass ich im Sommer angekommen bin.
Es ist nicht schwer, Lavendel im Garten anzusiedeln. Wenn er am richtigen Platz sitzt und im Frühling gut geschnitten wurde, wächst er zu einem kompakten Busch heran, der im Sommer reichlich blüht.

Standort und Ansprüche

Das allerwichtigste: Lavendel mag von Natur aus gerne die volle Sonne. An den Boden stellt er wenige Ansprüche – am liebsten will er es mager, kalkhaltig, oder sandig und trocken. Er lehnt sich gerne an Steine, die die Pflanze mit Wärme und Mineralien versorgen. Mediterrane Pflanzen wie Salbei, Oregano, Thymian, Heiligenkraut usw. leisten ihm gute Gesellschaft. Oft wird behauptet, dass Lavendel und Rosen sich mögen. Das gilt aber leider nur, wenn sie zusammen in der Vase stehen. Rosen brauchen einen nahrhaften und gut mit Dünger versorgten Boden. Lavendel, der in unmittelbarer Nähe steht, wird dadurch gemästet und kann auseinanderfallen und sparrig wachsen. Wenn Sie dennoch Rosen und Lavendel zusammen pflanzen möchten, dann lassen Sie zwischen den beiden mindestens einen Meter Abstand.
Nicht alle Sorten, die im Handel angeboten werden, sind

Sorten für den Garten

bei uns winterhart. Bei uns hat sich der Echte oder Schmalblättrige Lavendel – *Lavandula angustifolia* (früher: *L. officinalis*) – bewährt. Er ist frosthart und leicht zu kultivieren. Wenn man ihn regelmäßig zurückschneidet, eignet er sich sehr gut als Dufthecken- oder Einfassungspflanze. Eine der ältesten und für mich immer noch eine sehr gute Lavendelsorte ist *Lavandula angustifolia ‚Hidcote Blue‘* mit ihren dunkelvioletten Blüten. Weitere Sorten mit helleren oder blauen Blüten sind *‚Blue Cushion‘*, *‚Dwarf Blue‘* und viele andere mehr.

Eine weitere Lavendelgruppe ist der Provence-Lavendel, *Lavandula x intermedia*. Dieser Lavendel ist aus einer Kreuzung zwischen *L. angustifolia* und *L. latifolia* hervorgegangen. Wenn diese Züchtung blüht, kann man sie deutlich von anderem Lavendel unterscheiden: Die Blütenstiele und Blütenähren sind deutlich länger als die des Echten Lavendels. Die Blütenzeit setzt ungefähr 14 Tage später ein. In Südfrankreich gewinnt man aus dieser Kreuzung das Lavandinöl.

Der Provence-Lavendel ist nicht zuverlässig winterhart und sollte nur in Weinanbaugebieten angepflanzt werden.

Die beschriebenen Lavendeltypen gibt es übrigens auch mit weißer und rosa Blütenfarbe. Diese Pflanzen sind aber nicht so robust wie ihre blauen Schwestern.

Andere Lavendelarten, wie z.B. Zahnlavendel (*L. pinnata*), Speiklavendel (*L. latifolia*) oder Schopflavendel (*L.*

stoechas) sind bei uns nicht winterhart und eignen sich eher als Balkon- oder Kübelpflanze.

Schnitt

Lavendel ist ein Halbstrauch, d.h. die jungen, einjährigen Triebe sind krautig, und die vorjährigen sind verholzt. Damit Lavendel immer gut in Form ist, erfordert es besondere und regelmäßige Schnittmaßnahmen – am besten von Anfang an. Folgende Regel hat sich bewährt:

Nach der Blüte und noch bevor sich Samen ausbildet, schneidet man die Blütenstängel und den oberen krautigen Saum zurück. Achten Sie darauf, dass Sie den Halbstrauch in eine halbrunde Form schneiden. Mit etwas Glück blüht der Lavendel dann im September/Oktober noch einmal.

Im Frühjahr, wenn ab April keine starken Fröste mehr zu erwarten sind, bekommt die Pflanze einen Radikalschnitt. Dabei schneidet man 2/3 der Pflanze zurück. Auch bei diesem Schnitt schneidet man die Pflanze in eine halbrunde Form. Nach einem solchen Radikalschnitt beträgt die Höhe des Halbstrauches meistens nur noch 10 cm. Aber keine Sorge: Schon nach kurzer Zeit treibt die Pflanze wieder neu durch, um nach ungefähr 10 Wochen neue Blüten zu zeigen.

Übrigens: Nicht immer überlebt ein alter, nicht regelmäßig geschnittener Lavendel die Prozedur eines Rückschnittes. Aber wenn er nicht mehr schön anzuschauen ist, sollte man es zumindest versuchen. Im schlimmsten Fall muss man die Pflanze austauschen. Der neuen Pflanze schadet ein Standort, auf dem bereits ein alter Lavendel stand, nicht.

Vermehrung

Lavandula angustifolia lässt sich sehr gut aussäen, besonders die Sorte ‚*Hidcote Blue*'. Wenn Sie Samen von Ihrer eigenen Sorte ernten möchten, dann schneiden Sie die Blüten nicht zurück, sondern lassen Sie den Samen reif werden. Überwintern Sie den Samen in einer Papiertüte trocken und kühl und säen Sie im nächsten März aus.

Lavendelstecklinge.

Schon nach 2-4 Wochen erscheinen die ersten Keimblättchen. Dicht zusammenstehende Keimlinge vereinzeln. Mit etwas Glück blühen Ihre Pflänzchen schon nach einem Jahr.
Ausgesäte Pflanzen können etwas voneinander abweichen. Wenn Sie aber z. B. für eine Lavendelhecke Pflanzen benötigen, die 100 Prozent gleich aussehen sollen, dann wählen Sie besser zur Vermehrung die Stecklingsmethode.
Hierbei schneiden Sie am besten im Juni vor der Blüte unverzweigte einjährige ca. 5 – 8 cm lange Triebe und stecken Sie diese in ein Gefäß mit Anzuchterde. Vorsichtig angießen und die Triebspitzen immer feucht halten. An einem warmen schattigen Platz bilden sich schon nach 6 bis 8 Wochen Wurzeln. Dann können sie in Töpfe mit Staudenerde gepflanzt werden. Im ersten Winter überwintern die Pflanzen am besten im Frühbeet. Erst im folgenden Jahr werden die Pflanzen an ihrem endgültigen Standort ausgepflanzt.

LAVENDEL IN DER KÜCHE

Pissaladière mit Lavendel oder: Sommerlicher Zwiebelkuchen mit Lavendel

Das Mehl in eine Schüssel geben, in die Mitte eine Vertiefung drücken und die Hefe hineingeben. Hefe mit Wasser, Salz und Mehl zunächst verrühren, dann kneten bis der Teig Blasen wirft; abgedeckt an einem warmen Ort ca. eine Stunde gehen lassen.

Für den Belag die Zwiebeln schälen, in Würfel schneiden und in 2 – 3 EL Olivenöl anschwitzen. Lavendelsirup und Kräutersalz dazugeben. Die Zwiebeln insgesamt 45 Min. bei sanfter Hitze schmoren lassen, sie dürfen nicht braun werden. Kurz vor dem Ende der Garzeit 1 – 2 TL Sardellenpaste dazugeben. Salzen und pfeffern.

Teig:

350 g Mehl
1 Päckchen Trockenhefe
1 TL Kräuter der Provence-Mischung (Rezept s. S. 217)
150 ml warmes Wasser
Lavendel-Olivenöl für die Form und zum Beträufeln

Belag:

600 g Zwiebeln
2 Knoblauchzehen
1 EL Kräuter der Provence-Mischung (Rezept s. S. 217)
3-4 EL Olivenöl
etwas Sardellenpaste
6 Sardellenfilets in Öl
1 Handvoll schwarze Oliven
1 EL Lavendelsirup (Rezept s. S. 116)
Salz, Pfeffer

Tipp:

Lavendel-Olivenöl:
In eine Flasche mit 500 ml Olivenöl werden einfach drei Lavendelblütenzweige gehängt.

Teig:
siehe Pissaladière S. 113

Füllung:
200 g Schafskäse
5 getrocknete Tomatenhälften
1 EL Lavendelblüten
2 Knoblauchzehen, gepresst
etwas Olivenöl
3 EL Sahne
Kräuter der Provence-Mischung (Rezept s. S. 217)
Chiliflocken nach Geschmack

Ofen auf 190° C (Gas Stufe 3, Umluft 170°) vorheizen. Den Hefeteig rund ausrollen, in eine mit Olivenöl gefettete Tarte-Form (26 cm Durchmesser) legen. Mit der Zwiebelmasse bestreichen. Die restlichen Sardellenfilets und die Oliven gleichmäßig darauf verteilen. Lavendelblüten über die Tarte streuen und 1 – 2 EL Olivenöl darüberträufeln. Auf der mittleren Schiene ca. 30 Minuten backen.

Mit dem Teig der Pissaladière lässt sich auch ein sehr leckeres Lavendelbrot herstellen.

Lavendelbrot

Für die Füllung die getrockneten Tomaten in kleine Stücke schneiden, Lavendelblüten und Knoblauch dazugeben und ca. 30 Minuten in Olivenöl einweichen.
Inzwischen den fertigen Hefeteig zu einem Rechteck aus-

rollen und gehen lassen. Schafskäse mit Sahne glatt rühren und mit den Gewürzen abschmecken. Nachdem der Hefeteig gegangen ist, ca. 1 cm dick ausrollen und mit der Füllung bestreichen. Aufrollen und nochmal gehen lassen. In dem auf 180° vorgeheizten Backofen (Gas Stufe 3, Umluft 170°) ca. 30 Minuten backen.

Lavendeleis*

Aus Zucker und getrockneten Lavendelblüten einen Lavendel-Puderzucker herstellen. Eigelb, Lavendelzucker und Vanillezucker schaumig schlagen, dann unter Rühren die Milch dazu geben. Sahne steif schlagen und vorsichtig unter die Eier-Milch-Mischung ziehen. Die Masse in die Eismaschine füllen und ca. 40 – 50 Minuten gefrieren lassen. Das Eis im Gefrierfach noch 4 Stunden fest werden lassen.

70 g Zucker
Lavendelblüten (Menge je nach gewünschtem Aroma, mindestens 1 EL)
2 Eigelb
200 ml Milch (1,5 %)
200 ml Sahne
1 Päckchen Vanillezucker

** ein Rezept meiner Freundin, der Fotografin Monika Heilhecker*

Einmal im Jahr gibt es in meinem Garten einen Lavendeltag. An diesem Tag wird mit Lavendel gerührt, gekocht, gebacken und geschmückt – daher stammen all diese Rezepte.

200 ml warmes Wasser
3 EL Zitronensaft
2 EL getrocknete Lavendelblüten oder 3 EL frische Blüten
ca. 200 ml Zucker

Lavendelsirup

Lavendelblüten in das warme Wasser geben, über Nacht stehen lassen. Am nächsten Tag die Lavendelblüten entfernen und Zucker und Zitronensaft zum Blütenwasser, geben. Das Blütenwasser aufkochen – fertig ist der Sirup.

In saubere Flaschen füllen und verschließen. Fügt man ihm vorher noch eine Messerspitze Rote-Bete-Pulver zu, erhält er eine schöne rote Farbe.
Der Lavendelsirup passt wunderbar zu Sekt oder Eis.

Lavendelzucker

100 g Zucker
1 EL getrockneter Lavendel

Zucker und Lavendelblüten im Mixer zu Puderzucker verarbeiten.

Lavendelplätzchen

Für ca. 60 Stück

250 g Mehl
250 g Butter
150 g Lavendelzucker (Rezept s. S. 117)
250 g gemahlene Mandeln
1 Ei
Lavendelzucker zum Bestreuen

Aus den Zutaten einen Mürbeteig kneten und daraus 2 Rollen formen. Mindestens 30 Minuten im Kühlschrank ruhen lassen.

Die Rollen in Scheiben schneiden und zu Kugeln formen. Auf ein mit Backpapier ausgelegtes Blech legen und im vorgeheizten Backofen bei 180° (Gas Stufe 3, Umluft 160°) etwa 20 Minuten backen. Ausgekühlte Plätzchen mit Lavendelzucker bestreuen.

Lavendelkuchen

Mehl und Backpulver mischen. Die weiche Butter mit dem Zucker und den Eiern verrühren, dann die Mehlmischung einrühren und den Teig in eine gefettete Kastenform (Länge 30 cm) füllen. Bei 180° C (Gas Stufe 3, Umluft 160°) 50 Minuten backen.
Den ausgekühlten Kuchen mit Lavendelzucker bestreuen.

300 g Mehl
2 TL Backpulver
250 g Butter
200 g Lavendelzucker (Rezept s. S. 117)
4 Eier
Lavendelzucker zum Bestreuen

Lavendel-Duschbad

Für das Lavendel-Duschbad wird zunächst ein Blütenölauszug hergestellt:

Lavendelblüten-Öl-Auszug für den sofortigen Gebrauch

Lavendelblüten in ein Einmach- oder Schraubdeckelglas füllen und mit Öl übergießen. Es soll die Blüten bedecken. In einem anderen Topf Wasser auf ca. 80° C erhitzen (nicht kochen lassen), das Glas mit dem Blütenöl hineinstellen und eine halbe Stunde ziehen lassen.

Lavendelblüten-Öl-Auszug für den Vorrat

Lavendelblüten-Öl-Auszug
20 g getrocknete Lavendelblüten
200 ml Öl wie z.B. Distel-, Oliven-, Sonnen-, Raps- oder Weizenkeimöl

Wenn man mehr Zeit hat oder sich einen kleinen Vorrat anlegen will, gibt man die Blüten ins Öl und stellt die Mischung an einen warmen Ort. Das Glas sollte keinesfalls in der direkten Sonne stehen. Nach 2 Wochen ist das Auszugsöl fertig: Den Lavendel absieben und das Öl in eine dunkle Flasche füllen. Kühl aufbewahrt hält es sich mindestens 1 Jahr lang.

Lavendel-Duschbad

Das Wasser auf ca. 60° C erhitzen und in eine Keramik- oder Glasschale gießen, den Honig darin auflösen. Die Seife hinzugeben, gut umrühren. Dann den Lavendel-Öl-Auszug langsam einrühren. Falls Klümpchen entstehen, mixt man das Ganze mit dem Pürierstab zu einer sämigen Masse. Zum Schluss den Essig und das Lavendelaromaöl einrühren und das Duschbad in kleine Plastikflaschen abfüllen.

Das Duschbad riecht herrlich nach Lavendel und fühlt sich so gut auf der Haut an, dass man getrost auch mal auf das Eincremen nach dem Duschen verzichten kann. Stellen Sie nur kleine Mengen her, denn die Masse hält sich nur 2 Monate lang. Danach verändert sich ihr Geruch. Kleine Plastikflaschen bekommt man im Drogeriemarkt.

150 ml Wasser
1 EL Honig
50 g geriebene Olivenöl-Kernseife (sehr gut eignet sich eine ‚Savon de Marseille')
100 ml Lavendel-Öl-Auszug
1 EL Apfelessig
1 TL Lavendelaromaöl (aus der Apotheke oder Drogerie)

Zwei Lavendel-Windlichter

1 Teelichtglas
Lavendelblütenzweige
Gummiringe
Klebstoff
Bänder
1 Teelicht

Um ein Teelichtglas ziehen Sie einen Gummiring. In diesen stecken Sie rundherum Lavendelstiele. Dann schneiden Sie die Stiele auf die Höhe des Glases zurück. Da der Gummiring leicht abrutscht, arretieren Sie ihn mit einem Klecks Klebstoff. Zum Schluss umwickel Sie das Ganze mit farblich passenden Bändern (Foto links).

2 Gläser, eins schmal, eins breiter
1 Teelicht
Blütenstängel: Lavendel, Weizenähren, Frauenmantel

Rechtes Foto: Hier wurden 2 unterschiedliche Gläser genommen, 1 schmales und ein breiteres. In das schmale Glas kommt das Teelicht. In das breitere füllt man etwas Wasser, dahinein stellt man das Glas mit der Kerze. Zwischen beide Gläser steckt man nun Lavendel und andere Pflanzen des Sommers, hier Weizenähren und Frauenmantel.

Schnelles Lavendelsäckchen

getrocknete Lavendelblüten
Teefilterbeutel
Bänder

Füllen Sie einen Teefilterbeutel halbvoll mit getrockneten Lavendelblüten.

Binden Sie ihn mit einem farblich passenden Band zu – fertig ist ein duftendes Mitbringsel für den Wäscheschrank.

BROMBEEREN IM GARTEN

In unserem Garten ziehen wir die Brombeeren an einem breiten Rosenbogen heran. Ich habe mich für die Sorte ‚Loch Ness' entschieden, eine dornenlose wohlschmeckende Sorte, die reichlich Früchte trägt; die ersten werden im Juli reif. Ihre aufrecht wachsenden Ranken können drei Meter und länger werden, sodass sie nicht selten über den gesamten Bogen reichen. Brombeeren tragen am 2-jährigen Gehölz, das danach in der Regel abstirbt. Abgetragene Zweige schneide ich im zeitigen Frühjahr komplett zurück. Man kann sie zwar auch schon im Herbst einkürzen, andererseits schützen sie die Pflanze bei starken Frösten.
Im Mai zeigen sich die ersten Blüten an den 2-jährigen Trieben. Gleichzeitig wachsen aus dem Boden neue Triebe für das nächste Jahr. Diese lenke ich in jeweils eine Richtung – entweder nach rechts oder links. Habe ich die vorjährigen Triebe nach rechts geleitet, werden die neue Triebe links vom Bogen festgebunden. Das gibt mir eine gute Übersicht und erleichtert mir die Schnittarbeit im nächsten Frühjahr. Es kommt oft vor, dass sich aus den neuen Trieben nochmals Seitentriebe entwickeln. Diese werden auf 20 cm gekürzt.

Brombeeren können vielseitig genutzt werden. Sie eignen sich zum roh essen, als Kuchenbelag, für Marmelade, zur Saftherstellung, zum Einfrieren und vielem mehr. Da ich oft Massen an Früchten ernte, verarbeite ich den größten Teil zu Saft. Aber selbst die Blätter lassen sich getrocknet für eine gesunde Teemischung verwenden.

BROMBEEREN IN DER KÜCHE

Brombeersaft

Der Sommer bietet oft ein Übermaß an Beeren an. Man kann sie gar nicht so schnell essen, wie sie reif werden. Da bietet es sich an, die Früchte zu Saft zu verarbeiten. Dieser Saft ist sehr vitaminreich und kann auch noch im Winter zu Gelee verarbeitet werden. Der Saft schmeckt aber auch einfach nur mit Wasser oder Früchtetee gemischt vorzüglich.

Entsaften im Dampfentsafter: Durch das sogenannte Pasteurisieren im Dampfentsafter hält sich der Saft sehr lange und man hat ihn schnell zur Verfügung, wenn man ihn z.B. für Gelee oder Smoothies braucht.
Brombeeren im Dampfentsafter entsaften, heiß in saubere Flaschen abfüllen und sofort verschließen. Zucker wird erst bei der Weiterverarbeitung nach Bedarf zugefügt.

Brommbeer-Smoothie

1 Handvoll Kräuter wie Sauerampfer, Pimpernelle, Estragon, Borretsch, Basilikum
150g Brombeeren
1 Apfel, entkernt
200 ml Wasser

Kräuter, Brombeeren, Apfel und Wasser im Mixer pürieren. Der Saft hält sich einen Tag. Man kann die Früchte auch einfrieren und bei Bedarf zu Saft verarbeiten.

Brombeereis am Stiel

250 g Brombeeren
75 g Zucker
2 Eier
150 Joghurt 3,5% Fett

Die gewaschenen Brombeeren pürieren und durch ein Sieb streichen. Eier und Zucker schaumig rühren, dann Brombeerpüree und Joghurt unterziehen. Die Masse in Eisförmchen füllen, den Stieleinsatz eindrücken und ca. vier Stunden im Gefrierfach fest werden lassen.

ZUCCHINI IN DER KÜCHE

Wie man Zucchini im Garten anbaut: siehe April, *S. 61.*

Im Sommer werden die ersten Früchte der Zucchinipflanzen reif. Am Anfang warte ich noch sehnsüchtig auf die kleinen Fruchtansätze. Zucchini ist eine einhäusige Pflanze, das heißt, sie bildet männliche und weibliche Blütenansätze an einer Pflanze aus. Oft ist es so, dass die Pflanze ihre Männerblüten vorausschickt, die keine Früchte bilden. Aber dann ist es soweit: die „Frauenblüten"erscheinen.
Die kleinen zarten Früchte schmecken am allerbesten. Aber auch mit zu groß gewordenen Keulen kann man leckere Gerichte zaubern oder Kuchen backen. Dazu muss man aber das Kerngehäuse mit einem Löffel herausschaben. Große Früchte lassen sich gut einlagern. An einem kühlen Ort halten sie sich bis in den Winter hinein. Sollte die Schale inzwischen zu fest oder gar holzig geworden sein, werden sie geschält.

Zucchini werden roh, gekocht und gebraten verwendet. Da ihr Fruchtfleisch eher fad schmeckt, kann man großzügig und kreativ würzen. Wir allerdings essen das Gemüse am liebsten traditionell in Öl gebraten, serviert mit einer leckeren Kräuter- oder Zitronen-Olivenöl-Soße.

Gebratene Zucchinischeiben mit Fisch und Zitronensoße

2 – 4 kleine Zucchini
Fett zum Braten, z.B. Distelöl oder Butterschmalz
Pfeffer und Salz

Zitronensauce:

200 ml Olivenöl
Knoblauch nach Geschmack, durch die Presse gedrückt (ich nehme 4 große Zehen)
Saft von 2 Zitronen
Salz und Pfeffer
2 EL Petersilie, gehackt

Für dieses Gericht bereiten Sie zuerst die Zucchinischeiben vor. Sie schmecken kalt und warm.

Zucchinischeiben mit Salz bestreuen und ca. 1/2 Stunde stehen lassen. Durch das Salz bilden sich auf der Ober-

fläche Wassertröpfchen, die mit Küchenpapier abgetupft werden. 4 – 5 EL Öl in einer Pfanne erhitzen und die Scheiben ca. 3 – 4 Min. anbraten. Wenn sie auf der Unterseite Farbe annehmen und oben glasig werden, dreht man die Scheiben um und brät sie weitere 2 Minuten lang. Auf ein Küchenkrepp legen, damit das überschüssige Fett aufgesaugt wird. Das Gemüse auf einen Teller legen und vor dem Anrichten mit der Zitronensoße beträufeln.

Für die Soße alle Zutaten außer der Petersilie in ein Schraubglas geben und kräftig schütteln. Zum Schluss die Petersilie unterrühren.

Die Soße kann sehr gut vorbereitet werden und hält sich mindestens 1 Woche im Kühlschrank.

Der Fisch wird unter fließendem Wasser gesäubert und mit Küchenpapier gut abgetupft. Mehl in einen Teller geben. Fett in einer großen Pfanne heiß werden lassen. Inzwischen die Filetscheiben salzen, pfeffern und im Mehl wenden, überschüssiges Mehl abklopfen und sofort in das heiße Fett geben. Das Mehl darf nicht pappig werden, sonst klebt es am Pfannenboden an und reißt den Fisch auseinander. Temperatur auf Mittelhitze zurückschalten. Nach 3 – 5 Minuten (je nach Größe des Filets) den Fisch wenden und weitere 3 Minuten von der anderen Seite braten.

Fisch:

750 g Fischfilets nach Wahl, z.B. Dorsch, Seelachs oder Rotbarsch
Salz und Pfeffer
ca. 1/2 Tasse Mehl
Fett zum Anbraten (Distelöl oder Butterschmalz – es sollte mindestens 1 cm hoch in der Pfanne stehen)

Zucchinisuppe mit Estragon-Pesto und Croûtons

Für die Suppe:

500 g Zucchini
1 Zwiebel
Butterschmalz
3 Knoblauchzehen
700 ml Gemüsebrühe (Rezept s. S. 46)
1 EL Apfelessig
Salz, Pfeffer
Chiliflocken
100 g Crème fraîche

Für die Croûtons:

3 Scheiben trockenes Toastbrot
Butterschmalz
Salz

Estragon-Pesto:

(Rezept s. S. 95)

Zucchini mit Schale raspeln, Zwiebel würfeln. Butterschmalz in einem großen Topf erhitzen und das Gemüse anbraten. Nach 3 Minuten den durchgepressten Knoblauch dazugeben und mit der Gemüsebrühe ablöschen. Chiliflocken einrühren. Alles bei mittlerer Hitze 10 Minuten köcheln lassen. Die Suppe pürieren und mit Salz und Pfeffer abschmecken.

Butterschmalz in der Pfanne zerlassen, Toastbrot würfeln und darin rösten. Auf Küchenpapier abtropfen lassen und mit etwas Salz bestreuen.

Vor dem Servieren in jeden Teller einen Klecks Crème fraîche geben und mit einer Gabel auseinanderziehen. Estragonpesto und Croûtons getrennt servieren.

Zucchinipuffer mit Kräutersoße

Zucchini raspeln, auf ein Sieb geben und fest ausdrücken. Mit den restlichen Zutaten vermischen.

Das Fett in einer beschichteten Pfanne erhitzen. Mit einem Esslöffel die Masse in die Pfanne geben und kleine Pfannkuchen backen.

Saure Sahne und Joghurt mischen, die fein gehackten Küchenkräuter untermischen und alles mit Pfeffer, Salz, etwas Chili und dem Senf würzen.

Für die Puffer:

500 g Zucchini
1 Zwiebel, gewürfelt
2 Knoblauchzehen, durchgepresst
3 Eier
150 g kernige Haferflocken
50 g Hartkäse, z.B. Greyerzer, gerieben
Kräutersamen-Salz (Rezept s. S. 149)
Pfeffer, Chili nach Geschmack
Fett zum Braten, z.B. Butterschmalz oder Distelöl

Für die Kräutersoße:

150 g saure Sahne
150 g Joghurt
1 TL Senf
4 EL Küchenkräuter z. B. Petersilie, Minze, Schnittlauch, Sauerampfer, Pimpinelle, Liebstöckel
Pfeffer, Salz, etwas Chilli

Zucchini-Champignon-Frikadellen mit Krautsalat und Tsatsiki

500 g Zucchini
250 g Champignons
1 Zwiebel
1 Brötchen vom Vortag
2 Knoblauchzehen, durchgepresst
1 Ei
1TL Gewürzmischung griechische Art
Salz und Pfeffer
200 g Schafskäse
Semmelbrösel
Öl zum Braten

Zucchini mit Schale raspeln, in ein Sieb geben und gut ausdrücken. Champignons säubern und fein hacken. Zwiebel würfeln. Brötchen in Wasser einweichen.
Öl erhitzen, Zwiebel glasig dünsten; Knoblauch dazugeben, vom Herd nehmen, abkühlen lassen. Das eingeweichte Brötchen ausdrücken, mit Zucchini, Champignons und dem Ei zur Knoblauch-Zwiebel-Masse geben. Gut vermischen und würzen. Den Schafskäse in 8 Würfel schneiden. Die Gemüsemasse zu kleinen Frikadellen formen, jeweils 1 Schafskäsewürfel hineindrücken. Die Frikadellen in den Semmelbröseln wenden und in einer Pfanne mit heißem Öl von beiden Seiten ca. 5 Minuten braten.
Dazu schmecken Tsatsiki und Krautsalat.

Vom Kohlkopf den Strunk entfernen, das Kraut hobeln, die Zwiebeln würfeln. Alle Zutaten mit dem Kraut vermischen – das Kraut liegt komplett in Flüssigkeit – und mit einem Teller abdecken. 24 Stunden ziehen lassen, danach die Flüssigkeit abschütten.

Für das Tsatsiki die Gurke schälen, Kerne herauskratzen, Gurke hobeln und in einem Sieb fest ausdrücken. Mit dem Joghurt vermischen, die durchgepresste Knoblauchzehe dazugeben und mit Pfeffer und Salz abschmecken.

Für den Krautsalat nach griechischer Art:

1 mittelgroßer Weißkohl
2 Zwiebeln
125 ml Öl
125 g Zucker
2 EL Salz, 1 TL Pfeffer
250 ml Kräuteressig
1 l Mineralwasser mit Kohlensäure

Für das Tsatsiki:

1 Salatgurke
250 g griechischer Joghurt
1 Knoblauchzehe
Pfeffer, Salz

Toller Trick: Salatgurken ranken bei mir an einer Baumatte nach oben.

150 ml Sonnenblumenöl
150 g Zucker
3 Eier
250 g Zucchini, geraspelt
150 ml Buttermilch
150 g gemahlene Walnüsse oder andere Nüsse
250 g Mehl, 1 Päckchen Backpulver
1 Msp. Salz
1 TL Zimtpulver
1/2 TL Muskatnuss
30 g Kakao

Schoko-Zucchini-Kuchen

Aus Öl, Zucker und Eiern einen Teig rühren. Zucchini, Buttermilch und Nüsse dazugeben. Mehl, Backpulver, Kakao und Gewürze mischen und in den Teig rühren.
In eine Kastenform von 30 cm Länge füllen und bei 180° C (Gas Stufe 3, Umluft 160°) 40 – 50 Minuten backen.
Den Schoko-Zucchini-Kuchen mit Puderzucker bestäuben oder mit einem Zitronenguss (150 g Puderzucker mit etwas Zitronensaft glattrühren) überziehen.

Tomaten
Gewürze
Kornelkirsche

TOMATEN IM GARTEN

Tomaten – einer Schwemme Herr werden

Der Sommer hat wieder mal seine Schuldigkeit getan und uns in diesem Jahr eine reiche Tomatenernte beschert. Die Tomatenpflanzen sind inzwischen so schwer behangen, dass sie umzufallen drohen. Deshalb haben sie ein Gestell bekommen: Im Abstand von 2 Metern wurden alte Weinbergs-Pfähle in die Erde geschlagen und mit Dachlatten verbunden. Mit einer Schnur haben wir die Spiralstützen an die Dachlatte gebunden. Da die Tomaten jedes Jahr auf einem anderen Platz stehen, reicht dieses Provisorium vollkommen aus. Ungefähr zweimal in der Woche wird kontrolliert, ob sich Seitentriebe an den Blattknoten gebildet haben. Wenn ja, werden diese Triebe alle mit der Hand ausgebrochen. Sie würden die Pflanze nur unnötig belasten und ihr die Kraft nehmen, die bereits vorhandenen Früchte richtig ausreifen zu lassen. Werkzeug ist tabu, denn es könnten Krankheiten übertragen werden. Diese Arbeit nennt man übrigens: Tomaten ausgeizen. Tomatenpflanzen sind „gute Esser" und brauchen während der Saison eine zusätzliche Kompostgabe. Und bei Trockenheit sind sie dankbar für Wasser. Dabei sollte aber nur der Boden bewässert werden, nicht jedoch die Blätter.
Anfang August stoppe ich das Längenwachstum der Pflanzen, indem ich die Spitze kappe. Denn jetzt soll die Pflanze keine neuen Blüten mehr bilden, sondern sich nur noch auf ihre vorhandenen Früchte konzentrieren.

TOMATEN IN DER KÜCHE

Tomaten auf dem Brot, Tomatensalat, Tomatensuppe, Tomatensoße … ich kann sie gar nicht so schnell auf den Tisch bringen, wie sie rot werden. Am Anfang werden sie noch mit Sehnsucht erwartet, denn keine Tomate der Welt schmeckt so gut wie die erste reife aus dem eigenen Garten. Aber auf einmal stehen sie jeden Tag auf dem Speiseplan. Bis irgendwann mal einer die Frage stellt: „Schon wieder Tomaten?" Von da an werden sie öfter eingekocht.

Caprese anders – mit Zucchini-Pesto

500 g Tomaten
300 g Mozzarella
Fleur de Sel, Pfeffer aus der Mühle
Olivenöl, Balsamico Creme
2 Frühlingszwiebeln

Tomaten in Scheiben schneiden und auf eine Platte legen. Käse in dünne Scheiben schneiden, auf die Tomaten legen. Mit Pfeffer und Salz würzen. Jeweils einen Klecks Zucchini-Pesto auf den Käse geben. Frühlingszwiebeln in feine Ringe schneiden und drüberstreuen. Zum Schluss mit Balsamico-Creme und Olivenöl beträufeln.

250 g Zucchini
50 g Walnusskerne, grob gemahlene
½ Bund Petersilie
1 Minzestängel
1 TL scharfer Senf
1 Knoblauchzehe
Olivenöl (so viel, dass die Masse cremig wird)
1 EL geriebener Parmesan
Salz, Pfeffer

Zucchini-Pesto

Zucchini in Scheiben schneiden. Walnüsse in einer Pfanne ohne Fett rösten. Zucchinischeiben in einer Pfanne mit Öl andünsten, abkühlen lassen. Kräuter im Mixer mit etwas Öl pürieren. Zucchini, Senf, Knoblauch und Öl dazugeben, pürieren, Parmesan und Walnüsse unterrühren, nicht mehr mixen, mit Salz und Pfeffer abschmecken.

Fischlasagne mit Tomatenpüree

Joghurt, Sahne und Olivenöl vermischen. Das Ei verquirlen und dazugeben, salzen und pfeffern.
Fisch in Würfel schneiden und zum Tomatenpüree geben.
Die Auflaufform einfetten und zuunterst 1 Lage Lasagneplatten legen, darauf den Tomaten-Fisch, dann die Joghurtmischung schichten. Noch einmal wiederholen und mit einer 3. Lage Lasagne und einer Joghurtschicht enden. Mit Parmesanspänen bedecken.
Im Backofen bei 180° C (Gas Stufe 3, Umluft 160°) 30 Minuten backen.

250 g griechischer Joghurt (10% Fett)
100 ml Schlagsahne
3 EL Olivenöl
1 Ei
Salz, Pfeffer
300 g Seelachs- oder anderes Fischfilet
250 g Tomatenpüree (Rezept s. S. 140)
Fett für eine längliche Auflaufform
12 Lasagneplatten
40 g Parmesan, frisch gehobelt

Ergibt ca. 750 ml Tomatenpüree

2 kg reife Tomaten
6 EL Olivenöl
Salz, Pfeffer
1 EL Rosmarinsirup, s. S. 106 (oder Zucker)
4 Knoblauchzehen
1 Bund Basilikum

Tomaten auf Vorrat: Tomatenpüree

Von den Tomaten die Stängelansätze entfernen. Kurz überbrühen und enthäuten. Tomaten halbieren und auf ein mit Öl bestrichenes Backblech legen. Pfeffern, salzen und mit Öl und Sirup beträufeln. Auf der mittleren Schiene bei 220° C (Gas Stufe 3 – 4, Umluft 200°) ca. 1 Stunde braten.

Gegen Ende übergrillen bis die Tomaten erste braune Stellen bekommen. Aus dem Ofen nehmen und das Gemüse in eine Rührschüssel füllen. Knoblauchzehen durch die Presse drücken und mit Basilikumblätter zu den Tomaten geben. Mit einem Pürierstab pürieren und in saubere Gläser füllen, mit einem Deckel verschließen und sterilisieren.

Tipp 1:

Durch das Backen im Ofen wird den Tomaten Flüssigkeit entzogen und durch den Sirup werden sie leicht karamellisiert. Am Ende bleibt ein konzentrierter Tomatenfond übrig, der sehr aromatisch schmeckt. Wer einen ganz feinen Fond möchte, streicht ihn durch ein Sieb, damit die Kerne entfernt werden. Man kann zu den Tomaten auch noch Paprika, Zwiebeln oder Möhren geben, die mit ihrer Süße den Geschmack abrunden. Oder man fügt statt Basilikum Kräuter der Provence zu – der Fantasie sind keine Grenzen gesetzt.

Tipp 2:

Wer Energie sparen möchte, stellt 2 oder 3 Bleche voll Tomaten in den Ofen und schaltet ihn auf Umluft. In den letzten Minuten den Grill anschalten und nacheinander die oberen Bleche wegnehmen, damit alle Tomaten eine leichte Bräune bekommen.

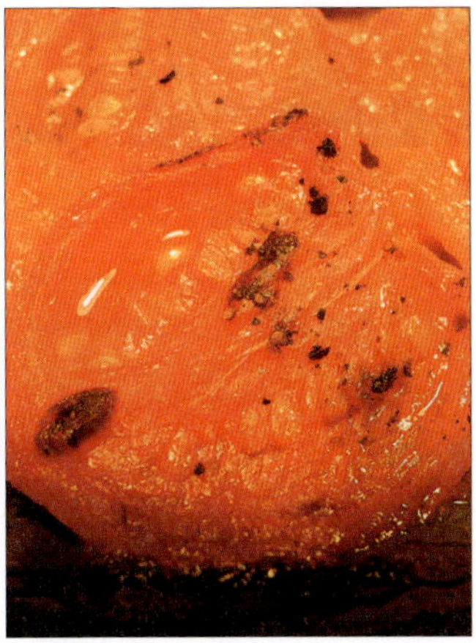

Tipp 3:

Weil man nicht gerne den Einkochapparat einschaltet, wenn er nicht voll wird, sterilisiere ich die Tomatengläser in diesem Fall lieber in einem hohen Kochtopf. Diesen fülle ich mit so viel Wasser, dass die Gläser zu 90 % im Wasser stehen und stelle ihn auf die Herdplatte. Das Wasser auf 80° Grad erhitzen, dann die Hitze reduzieren, Topf verschließen und nach 15 Minuten den Herd ganz abschalten. Den Topf auf der Herdplatte abkühlen lassen; so wird die Nachwärme optimal genutzt.
Auf diese Weise sterilisiert, hält sich das Püree mindestens 12 Monate.

KRÄUTER FÜR WÜRZMISCHUNGEN

Der Kräutergarten im August.

Die Haupterntezeit für Kräuter liegt im August. Die mediterranen Kräuter wie Thymian, Oregano, Rosmarin, Lorbeer, Salbei und Bohnenkraut werden jetzt geschnitten und für Kräutermischungen getrocknet. Dazu kommen noch die Kräuter für Teemischungen wie z. B. Minze, Zitronenverbene, Zitronengras und Ringelblumen. Die beste Zeit zum Ernten ist ein warmer Sommervormittag kurz vor der Blüte. Die abgeschnittenen Zweige bette ich in flache Kisten, in die ich vorher ein Küchenhandtuch gelegt habe. Zum Trocknen stapele ich die Kisten im Haus in der Nähe eines Fensters, das immer mal wieder zum Lüften geöffnet wird. Wenn die Kräuter nach ca. 14 Tagen „rascheltrocken" sind, streife ich die Blätter von den Stielen ab und fülle sie in Dosen oder Gläser. Ich mahle oder mörsere sie erst kurz vor dem Gebrauch fein, denn so behalten sie ihr Aroma recht lange.

Ich habe mir angewöhnt, meine Gewürzmischungen selbst herzustellen. Dafür habe ich mir einen schweren Granitmörser mit einem Granitstößel zugelegt, mit dem ich sauber und präzise Samen zerstampfen oder zerreiben kann. Hilfreich für diese Arbeit sind außerdem ein elektrischer Kleinmixer und ein scharfes Messer. Das wichtigste Gewürz in meinem Regal ist eine Mischung, deren Zutaten größtenteils aus Kräutersamen und getrockneten Kräutern besteht. Ich bereite von jeder Würzmischung immer nur kleine Portionen zu – lieber öfter mal mischen, dann bleiben die Aromen lange erhalten.

Alles steht bereit für die Gewürzmischungen.

Die Pflanzen für meine Standard Gewürz- und Kräutermischungen:

Thymian (*Thymus vulgaris*)

Thymian hat einen kräftigen, würzigen, leicht scharfen Geschmack. Er eignet sich für Eintöpfe, Kartoffel-, Gemüse- und Fleischgerichte.
Thymian liebt durchlässigen Boden in Verbindung mit Steinen. Deshalb ist ein Steingarten der richtige Platz für ihn. Humusreiche, fette Böden sind nicht sein Ding. Und wenn dann noch Staunässe dazukommt, ist das das Aus für die würzige Pflanze. Wer über keinen Steingarten verfügt, pflanzt Thymian besser in Töpfen an.
Korianderblätter sind eine Geschmackssache. Die einen lieben sie, die anderen mögen sie nicht. Aber ich kenne kaum jemanden, der sich vom Geruch und Geschmack der Koriandersamen abgestoßen fühlt. Schon beim Zerstoßen der Körner steigt ein warmer, würzig-süßer Duft in die Nase, der ein bisschen an Orangenschalen erinnert.

Koriander (*Coriandrum sativum*)

Koriander ist im Garten ein Selbstläufer. Einmal ausgesät, kommt er immer wieder von alleine. Eine Besonderheit des Krautes ist, dass sein Grün sehr frostfest ist. Schon oft sind mir bei der Ernte Samen auf den Boden gefallen, die wenige Wochen später aufgegangen sind. Selbst bei Minustemperaturen erfriert das Kraut nicht und kann somit auch im Winter noch geerntet werden.
Koriander stellt kaum Ansprüche an den Boden. Wich-

Koriandersamen (oben), Korianderblätter (links) und Rosmarin (unten).

tig ist ein sonniger Platz. Streuen Sie im April einfach ein paar Samen in die Lücken Ihres Kräuterbeetes. Wenn es ihm gefällt und wenn er nicht der Hacke zum Opfer fällt, wird Ihnen das einjährige Kraut durch Selbstaussaat jahrelang die Treue halten.

Rosmarin (*Rosmarinus officinalis*)

Der harzig würzige Geschmack von Rosmarin eignet sich für Fleisch- und Gemüsegerichte. Da man ihn auch noch im Winter gut ernten kann und er kaum etwas von seinem Aroma einbüßt, trockne ich nur ein paar Bündel Zweige – hauptsächlich für die Kräuter der Provence-Mischung.

KRÄUTER FÜR WÜRZMISCHUNGEN

Vom Fenchel kann man bereits den grünen, unreifen Samen ernten. Er schmeckt besonders aromatisch. Verwenden Sie ihn entweder frisch oder trocknen Sie ihn.

Fenchel (*Foeniculum vulgare*)

August-Strauß mit Fenchelblüten.

Der Samen von Fenchel ergibt nicht nur einen magenberuhigenden Tee – Fenchel eignet sich auch zum Würzen von z. B. Soßen oder Suppen. Mit dem angenehmen Geschmack nach Anis gehören die Samenkörner des Krautes in die traditionelle Kräuter der Provence-Mischung.

Im Garten pflanzt man Gewürz-Fenchel auf einen sonnigen, warmen und nährstoffreichen Platz. Meistens genügen ein oder zwei Pflanzen, um den Bedarf für die Küche oder Hausapotheke zu decken. Wenn es der Pflanze gefällt, bildet sie reifen Samen, der sich willig aussät. Pflanzen, die nicht benötigt werden, hackt man frühzeitig aus, bevor sie ihre dicken, tiefgründigen Wurzeln bilden.

Übrigens: Fenchelblüten sehen wunderschön in sommerlichen Blumensträußen aus.

Lorbeer
(*Laurus nobilis*)

Lorbeerblätter haben den typisch würzigen Geruch nach kräftigem Eintopf. Frisch gepflückt haben sie einen leicht bitteren Geschmack, der sich aber beim Trocknen verliert. Leider ist der Lorbeer bei uns nicht winterhart. Deshalb muss er im Kübel wachsen, wo er sich aber sichtlich wohlfühlt. Lorbeer muss im Sommer draußen in der vollen Sonne stehen. Er braucht eine gute, durchlässige Erde, die man selbst mischen kann (s. S. 206).

Liebstöckel
(*Levisticum officinale*)

Ein wichtiger Geschmackslieferant für meine Mischungen ist Liebstöckel. Man kennt die mächtige, mehrjährige Staude auch als Maggikraut. Das junge Grün wird in Suppen, Soßen, Eintöpfen usw. verwendet.
Was viele Kräuterliebhaber nicht wissen: Auch die Samen schmecken sehr gut und geben den Kräutermischungen ein ganz besonderes Aroma. Immer wieder erzählen mir Besucher, dass sie die Liebstöckelstängel nach der Blüte bis zum Boden herunterschneiden. Schade, sie ahnen nicht, welche Aromen in den Samen stecken.
Maggikraut bevorzugt einen gut mit Kompost versorgten, nicht zu trockenen Standort. Da die Staude sehr groß wird und viele Pflanzen in ihrer Nähe nicht gedeihen, braucht sie mindestens einen Quadratmeter Platz für sich alleine.

Oregano (*Origanum vulgare*)

Der Oregano oder auch Staudenmajoran genannt, hat einen pfeffrigen Geschmack, der zwischen dem von Gartenmajoran und Thymian liegt. Es gibt unterschiedliche Arten dieser wärmeliebenden und sonnenhungrigen Pflanze. Für die Küche bevorzuge ich die kleine, gedrungen wachsende Art, den sogenannten „Kompakten Oregano, *Origanum vulgare ‚Compactum*“. Wenn man ihn wie Thymian in den Steingarten pflanzt, hat man immer eine nach Pizza und Tomatensoße duftende Pflanze.

KRÄUTER- UND GEWÜRZMISCHUNGEN

Kräutersamen-Salz

Muskatnuss und Pfefferkörner mit 1 EL Salz im Mörser klein stampfen und verreiben. Mit dem restlichen Salz und den anderen Zutaten im Mixer fein mahlen, in ein Glas füllen und dunkel aufbewahren.

1 Muskatnuss
1 EL schwarze Pfefferkörner
1 EL grobes Meersalz
100 g grobkörniges Meersalz
3 EL Koriandersamen
3 EL Liebstöckelsamen
1 EL Fenchelsamen
2 – 5 Lorbeerblätter
1 Chilischote
je 1 EL getrockneter Thymian, Oregano, Rosmarin

Tipp:

Etwas zum Salz
Für meine Kräutersalze verwende ich nur naturreines grobes Meersalz. Es ist wertvoller als industriell hergestelltes Koch- oder Siedesalz. Ich gebe es mit den Kräutern und Gewürzen in den Mörser oder in den Mixer. Die groben Salzkörner wirken dann wie ein Mahlstein. Feinschmecker experimentieren auch gerne mal mit exotischen Salzen aus der ganzen Welt.

Tipp:

Normalerweise wird Muskatnuss auf einer Reibe gerieben. Das dauert relativ lange und es bleiben immer Reste. Viel besser und schneller geht es, wenn man die Nuss in einem Mörser zuerst zerstampft und dann mit den anderen Samen fein zerreibt. Probieren Sie es einmal aus!

Das Kräutersamen-Salz wird im Mixer zerkleinert.

Die Kräuter und Gewürze werden in der Pfanne geröstet.

5 Knoblauchzehen
50 g Salz
1 TL Pfefferkörner
1 EL Oregano, getrocknet
1 EL Rosmarin, getrocknet
1 EL Thymian, getrocknet
1 EL Rosenpaprika
1 EL Chiliflocken

Gewürzmischung all'arrabbiata

Knoblauchzehen schälen und durch eine Presse drücken. Mit Salz vermischen, auf einer mit Backpapier ausgelegten Pfanne 1 – 2 Tage an der Sonne oder im Backofen (60 Minuten bei 60° C, Gas Stufe 1, Umluft 55°) trocknen. Pfefferkörner im Mörser klein stampfen. Getrocknetes Knoblauchsalz dazugeben und ebenfalls mörsern. Klein gerebelte Kräuter und Rosenpaprika untermischen, in ein Glas füllen und dunkel aufbewahren.

Tipp:

Tomatensoße mit dieser Mischung würzen und zu Spaghetti reichen.

Currygewürz

Muskatnuss im Mörser zerstampfen. Fenchel, Lorbeerblätter, Koriander, Chili und Gewürznelken in einer Pfanne ohne Fett rösten, bis sie anfangen zu duften. In den Mörser geben und fein zermahlen oder im Mixer zerkleinern. Zum Schluss alle Gewürze mischen, in einen luftdichten Behälter geben und dunkel aufbewahren.

½ Muskatnuss
2 TL Fenchelsamen
4 Lorbeerblätter, getrocknet
5 EL Koriandersamen
1 Chilischote, getrocknet
5 Gewürznelken, ganz
1 TL Zimtpulver
2 EL Kreuzkümmelpulver
2 TL Paprikapulver
½ TL Kurkumapulver

Veganer Curry-Aufstrich

Das Kerngehäuse der Äpfel herausschneiden, dann mit Schale in kleine Stücke schneiden und in 2 EL Margarine weich dünsten. Currypulver drüberstreuen, Knoblauch durch die Presse drücken und dazugeben. Restliche Margarine dazugeben, Herdplatte ausschalten. Wenn die Margarine verlaufen ist, den Topf vom Herd ziehen und Röstzwiebeln unterrühren. Den Brotaufstrich im Kühlschrank fest werden lassen.

1 mittelgroßer Apfel
250 g Margarine
1 EL Currygewürz
2 Knoblauchzehen
2 EL Röstzwiebeln

Tipp:

Es ist gar nicht so einfach, zu Hause richtig knackige Röstzwiebeln herzustellen. Deshalb greife ich hier ausnahmsweise mal auf ein Fertigprodukt zurück.

Kornelkirschen

Die Kornelkirsche (*Cornus mas*)

In der Wildschutzhecke an der Gartengrenze wachsen bei uns zwei Kornelkirschen-Sträucher. Gleich zu Beginn des Jahres im Februar und März fallen sie durch die frühe Blüte auf, die den nahenden Frühling ankündigt. Die zierlichen, gelben, nektar- und pollenreichen Blüten sind nicht nur Balsam für die wintermüde Seele, sie gehören auch zur ersten Nahrung für die aus dem Winterschlaf erwachenden Honig- und Wildbienen. Im August hängen die Zweige voller Früchte.

DIE KORNELKIRSCHE IN DER KÜCHE

Obwohl uns der deutsche Name weismachen möchte, dass die dunkelroten Steinfrüchte zur Pflanzenfamilie der Kirschen gehören, zählt die Herlitze, wie der Stauch auch genannt wird, botanisch zur Familie der Hartriegelgewächse. Die Früchte sind reif, wenn sie einem beim Pflücken fast von alleine in die Hand fallen. Dann aber ist höchste Eile angesagt! Sie müssen jetzt dringend geerntet werden, denn sonst fallen sie zu Boden und die Ketchupernte wäre für dieses Jahr im Eimer. Ja, Sie haben richtig gelesen: Ich habe Ketchup geschrieben. Dabei bin ich gar kein Fan von Ketchup. Viel lieber mag ich die fruchtige süß-pikante Cumberlandsoße, die ich gerne dann reiche, wenn ein Gericht nach Ketchup verlangt. Ich habe die Cumberlandsoße etwas abgewandelt und mit der Kornelkirsche statt Johannis- oder Preiselbeeren ist eine neue, sehr fruchtig schmeckende Variante herausgekommen.

Kornelkirschmus

Die Kornelkirsche ist eine Steinfrucht. Bevor daraus eine Soße oder Marmelade gekocht werden kann, müssen die Steine oder Kerne entfernt werden. Man gibt die Früchte in kochendes Wasser und lässt sie drei Minuten bei reduzierter Hitze köcheln. Danach die Masse durch ein Sieb streichen oder durch die Flotte Lotte rühren. Da an den Kernen nach dieser Prozedur meistens noch viel Fruchtfleisch hängt, gebe ich diese in eine Schüssel und gieße wenig (!) Wasser dazu. Mit diesem Wasser wasche ich die Kerne sauber. Dabei löst sich noch mal ganz schön Fruchtfleisch ab, das ich mitsamt dem Wasser zum Mus gebe. Einen Teil des Muses verbrauche ich direkt. Den Rest fülle ich portionsweise in Gläser und friere es ein. Keine Angst, die Gläser halten das aus, wenn man sie zum Auftauen nicht in heißes Wasser stellt, sondern ihnen Zeit zum Auftauen lässt.

Übrigens: Mit den übriggeblieben Kernen kann man aus Stoffresten noch einen Topfuntersetzer herstellen. Dafür näht man ein kleines quadratisches Kissen mit einer Seitenlänge von 20 cm. Eine Seite bleibt offen zum Befüllen. In das Kissen näht man 8 gleich große Kammern. Die Kammern befüllt man mit sauberen und trockenen Kornelkirschkernen. Zum Schluss nur noch die offene Seite zunähen.

Kornelkirsch-Cumberlandsoße und Kornelkirschmus

Kornelkirsch-Cumberlandsoße

Kornelkirschmus mit Gelierzucker aufkochen und 3 Minuten köcheln lassen. Zitrone gut waschen und die Schale mit dem Zestenreißer in die Fruchtmasse geben. Saft auspressen und mit den restlichen Zutaten mithilfe eines Schneebesens in die Masse rühren. Mit so viel Chilisalz und Pfeffer abschmecken, dass die Soße eine leichte Schärfe bekommt. Wenn nötig, mit Salz nachwürzen. Noch mal kurz aufkochen und in saubere Flaschen füllen. Sofort verschließen.

Diese Soße ist mindestens 6 Monate haltbar. Angebrochene Flaschen müssen im Kühlschrank aufbewahrt werden.

300 g Kornelkirschmus (Rezept s. s. 154)
150 g Gelierzucker 1:2
1 Bio-Zitrone
7 EL Rotwein
1 EL scharfer Senf
Pfeffer, frisch gemahlen
Chilisalz (Rezept s. s. 218)
Salz

Kornelkirschmarmelade

Kornelkirsch-Weinbergspfirsich-Marmelade

Wenn die Kornelkirschen reif sind, gibt es meistens noch Weinbergspfirsiche. Aus beiden koche ich eine leckere Marmelade.

300 g Weinbergspfirsich
250 g Kornelkirschenmus (Rezept s. S. 154)
250 g Gelierzucker 1:2
Saft von einer Zitrone

Weinbergspfirsiche schälen, entkernen und in kleine Stücke schneiden. Zusammen mit dem Kornelkirschmus, Gelierzucker und Zitronensaft in einen Topf geben und 4 Minuten kochen. Sofort in saubere Gläser füllen und verschließen.

Vegetarischer Burger mit Kornelkirsch-Cumberlandsoße

Die Brötchen aufschneiden und beide Hälften mit Kornelkirsch-Cumberlandsoße bestreichen. Untere Brötchenhälfte mit Rucola, dem Bratling, in Ringe geschnittenen Zwiebeln, noch mal Rucola und Tomatenscheiben belegen. Obere Brötchenhälfte drauflegen.

Für die Bratlinge den Dinkel am Vortag grob mahlen. 750 ml heißes Wasser darüber geben, über Nacht ausquellen lassen. Am nächsten Tag Petersilie fein hacken, Knoblauchzehen durchpressen, Zwiebel fein hacken und mit Gemüsebrühe-Konzentrat, Walnüssen, Käse und Ei zum Dinkel geben und gut durchkneten. Mit Pfeffer und Salz abschmecken. Mittelgroße, flache Frikadellen formen, in Semmelbröseln wenden und in Butterschmalz braten.

Zutaten für den Burger:

4 Brötchen
Kornelkirsch-Cumberlandsoße (Rezept s. s. 155)
Rucola
2 Zwiebeln
4 Tomaten
4 Bratlinge

Zutaten für die Bratlinge:

200 g Dinkel
1 Bund Petersilie
2 Knoblauchzehen
1 Zwiebel, gehackt
75 g Gemüsebrühe-Konzentrat (Rezept s. S. 46)
75 g Walnüsse, grob gemahlen
75 g Emmentaler, gerieben
1 Ei
Pfeffer, Chilisalz, Salz
3 + 2 EL Semmelbrösel
Butterschmalz

4 Bratwürste vom Wildschwein
4 – 8 EL Kornelkirsch-Cumberlandsoße (Rezept s. s. 155)
2 EL Currygewürz (Rezept s. S. 151)
Butterschmalz

Edle Currywurst

Die Bratwürste in wenig Fett von beiden Seiten knusprig anbraten. Die durchgebratenen Würste in Stücke schneiden und auf Tellern angerichtet. Nun gibt man auf jeden Teller je nach Geschmack einen oder zwei Esslöffel Kornelkirsch-Cumberlandsoße und einen Esslöffel Currypulver.

Kornelkirschlikör: im August angesetzt, im Dezember fertig.

Kornelkirschlikör

Aus der Kornelkirsche kann man einen sehr feinen, leicht säuerlichen Likör ansetzen. Er muss mindestens 3 – 4 Monate heranreifen und ist im Dezember fertig, um einen gemütlichen Adventskaffeeklatsch stilvoll abzurunden.

Tipp:

Sehr lecker schmeckt der Likör auch zum Eis.

500 g Kornelkirschen
150 g Zucker
1 Stange Zimt
1 Vanilleschote
0,7 l Wodka (mindestens 35 % Alkohol)

Kornelkirschen in einer flachen Schüssel mit einer Gabel zerquetschen, den Stein in der Frucht lassen. In ein Glasgefäß mit einer weiten Öffnung geben und mit Zucker bestreuen. Die Zimtstange brechen, die Vanilleschote aufschlitzen und beides zu den Früchten geben. Mit Wodka übergießen und umrühren. Glas verschließen und 6 Wochen an einem warmen Ort ziehen lassen. Dabei jede Woche zweimal umrühren. Nach 6 Wochen gießt man die Flüssigkeit durch einen Filter und füllt sie in Flaschen ab.

QUER DURCH DEN GARTEN IM AUGUST

Zurzeit gibt es so viel Gemüse, dass der Erntekorb bei einem Rundgang im Garten immer voll wird. Mit einem Teil des frisch geernteten Gemüses werde ich einen Quer-durch-den-Garten-Eintopf kochen. Ich bereite ihn gerne in größeren Mengen zu und wärme ihn am nächsten Tag wieder auf. Dadurch erhält er einen intensiven Geschmack und eine dickliche Konsistenz. In der Toscana hat dieser Eintopf einen sprechenden Namen: Er heißt dort Ribollita, was so viel wie „erneut gekocht" oder „Aufgewärmtes" bedeutet.

Quer durch den Garten mit Putenunterkeule

Ergibt ca. 7 l Suppe
400 g Gemüsebrühe-Konzentrat (Rezept s. S. 46)
1 Putenkeule
Butterschmalz
5 Zwiebeln
Salz und Pfeffer
5 Zwiebeln
1,5 kg Tomaten (alternativ 3 Dosen Tomaten à 400 g)
2 kg Kartoffeln
1 kg Gemüse wie: Zucchini, grüne Bohnen, frische Bohnenkerne (oder 1 große Dose weiße Bohnen, 800 ml), Mangold, Paprika, Karotten, Gemüsefenchel
je 3 Zweige Bohnenkraut, Thymian, Rosmarin und Oregano
2 – 3 Chilischoten
7 – 10 Knoblauchzehen
Öl zum Braten
Pfeffer, Kräutersamen-Salz, Kreuzkümmel

Das Gemüsebrühekonzentrat in 4 Litern heißem Wasser auflösen. Die Putenkeule in einem großen Topf in Butterschmalz anbraten. Zwiebeln schälen, in grobe Würfel schneiden und ebenfalls anbraten und mit 1 Liter Gemüsebrühe ablöschen. Mit Salz und Pfeffer abschmecken und Topf schließen. Bei mittlerer Hitze ca. 60 Minuten köcheln.

Inzwischen das Gemüse vorbereiten: Die frischen Tomaten ebenso wie die geschälten Kartoffeln in kleine Stücke schneiden. Alles übrige Gemüse waschen und putzen, wenn nötig schälen und alles klein schneiden. Die Kräuter zu einem Bouquet garni (Kräutersträußlein) binden. Chilischoten waschen, aufschneiden und putzen. Einen

Teil der Kerne entfernen, weil sie zu scharf sein könnten. Die Chilis sehr fein würfeln. Knoblauchzehen schälen. Nach 60 Minuten wird alles Gemüse außer dem Knoblauch zur Putenkeule gegeben und das Bouquet garni hineingehängt. Restliche Gemüsebrühe ebenfalls dazugeben, aufkochen, Hitze wieder reduzieren und noch weitere 30 Minuten bei offenem Topf köcheln lassen. Danach das Bouquet garni herausnehmen, Knoblauch durch eine Knoblauchpresse drücken und zur Suppe geben. Das Putenfleisch herausnehmen, Knochen entfernen, Fleisch in Würfel schneiden und wieder in den Eintopf geben. Mit Salz und Pfeffer abschmecken.

Tipp:

Was übrig bleibt, wird eingefroren und im Winter gegessen.

Fenchelsalat mit karamellisierten Nüssen

3 Knollen Fenchel
1 Apfel
1 Zitrone
1 Handvoll Walnüsse
1 TL Honig
Olivenöl
weißer Balsamicoessig
1 EL Senf
Schnittlauch
Salz und Pfeffer

Die Fenchelknollen quer in feine Streifen schneiden, dabei den Strunk entfernen. Vom Apfel das Kerngehäuse ausstechen und ihn ungeschält in kleine Stücke teilen. Mit Zitronensaft beträufeln. Die Walnüsse in einer Pfanne rösten, bis sie anfangen zu duften. Kurz vor dem Herausnehmen den Honig dazugeben und gut mit den Nüssen vermischen. Aus der Pfanne nehmen und kalt werden lassen. Alles zusammen in einer Salatschüssel anrichten. Mit den restlichen Zutaten ein Dressing zubereiten und über den Salat geben.

Äpfel

Rote Bete

Wintersalat, Feldsalat, Spinat

Rosen vermehren

Äpfel im Garten und auf der Streuobstwiese

Unser Garten liegt zwischen zwei Streuobstwiesen mit über 20 hohen Obstbäumen, die uns mit Süßkirschen, Birnen, Zwetschgen, Mirabellen und Reineclauden beliefern. Den größten Anteil haben die Apfelbäume. Jedes Jahr tragen sie so viele Früchte, dass es ab September Äpfel regnet.

Eine Streuobstwiese bietet nicht nur Nahrung für uns Menschen, sondern auch für Tausende von Tierarten. Größtenteils sind das Insekten wie Honigbienen, Käfer, Hummeln und Schmetterlinge. Aber auch Vögel finden in den Kronen und in Baumhöhlen ideale Brutstätten und Futter. Am Fuße der Bäume tummeln sich im Gras Frösche, Kröten, Igel und andere Säugetiere. Auch sie finden vom Frühling bis zum Herbst genügend Futter und ein ruhiges Plätzchen zum Überwintern gibt es gratis dazu.

Leider hat nicht jeder so viel Platz, dass er sich im Garten ein solches Biotop anlegen kann. Aber es gibt auch für kleinere Gärten eine Lösung. Mit Bäumen, die auf schwach wachsende Unterlagen veredelt wurden und mit der richtigen Schnitttechnik – wie zum Beispiel Spindelbaum- oder Spalierobstschnitt – kann man auch in kleinen Gärten mit einer Apfelernte rechnen. Doch bedenken Sie: Damit es zur Befruchtung kommt, sind zwei Bäume nötig. Die meisten Äpfel sind auf eine Fremdbestäubung angewiesen und brauchen einen Pollenspender. Am besten Sie lassen sich von einer Baumschule beraten. Und wenn der Platz nicht ausreicht, schauen Sie sich doch mal in Ihrer Umgebung um: In vielen Obstplantagen kann man für wenig Geld selber Äpfel ernten.

Etwas über das Einkochen von Obst und Gemüse

Die Natur zeigt sich im September sehr großzügig und produziert mehr, als die Familie zunächst verbrauchen kann. Das meiste Obst von der Streuobstwiese wird in die Mosterei gebracht und zu Saft verarbeitet. Was nicht frisch gegessen werden kann, wird eingekocht. Spätestens jetzt hole ich aus dem Keller den alten, von der Mutter geerbten Einkochapparat. Anfangs habe ich mich noch gegen das Einkochen gesträubt, denn es ist doch so einfach, sich zu jeder Jahreszeit mit frischen Lebensmitteln zu versorgen. Aber inzwischen macht es mir Spaß und ich sehe einen Sinn darin, das eigene, selbst produzierte Gemüse und die Früchte des Gartens für „Durststrecken" haltbar zu machen. Ich weiß, wie sie gewachsen sind und behandelt wurden und ich weiß, dass sie ohne chemische Pflanzenschutzmittel zur vollen Reife gekommen sind: Ich weiß deshalb, was drin ist!

Aber es gibt noch einen anderen wichtigen Grund für mich, Lebensmittel einzukochen: Ich kann meiner Fantasie freien Lauf lassen und mit wenigen Mitteln aus „Omas Eingemachtem" ganz neue, freche Rezept-Kombinationen erfinden. Längst ist aus dem einstigen Pflichtprogramm ein Hobby geworden. Der Markt bietet inzwischen so viele Hilfsmittel an – alleine wenn ich an die vielen schönen Einmachgläser denke … Einkochen ist eine Herausforderung an die Kreativität und hat großes Potenzial für selbst gemachte Geschenke.

Tipp:

Geeignete Gläser zum Einkochen sind:
Gläser mit Schraubverschluss. Diese müssen vor Gebrauch ausgekocht werden. Oder Einkochgläser mit Rillen oder Massivrandgläser, dazu die passenden Gummiringe und Klammern zum Verschließen.

ÄPFEL IN DER KÜCHE

Das Prinzip des Einkochens besteht darin, Lebensmittel durch Zufuhr von Wärme und anschließendem Luftabschluss haltbar zu machen. Bemerkenswert ist, dass sich das Obst jahrelang aufheben lässt, ohne dass dafür Konservierungsstoffe zugefügt werden müssen. Höchstens mal etwas Zitronensäure bzw. Zitronensaft. Man füllt das gewaschene und geputzte Einkochgut in saubere Gläser und verschließt diese sorgfältig. In einem Wasserbad werden diese auf eine vorgeschriebene Temperatur erhitzt, die dann für eine gewisse Zeit gehalten werden muss.
Besonders gut gelingt das Einkochen mit einem Einkochautomat, der das Erhitzen sowie das Halten der Hitze automatisch erledigt. Fürs Erste reicht zum Einkochen aber auch der Backofen oder für kleinere Mengen auch ein Kochtopf.

Apfelmus

Sehr beliebt ist das Einkochen von Apfelmus, denn dafür kann man auch Falläpfel verwerten.

Für 1 kg fertig vorbereitete Äpfel werden benötigt:
200 ml Apfelsaft
2 EL Zucker
Saft von ½ Zitrone
1TL Zimt oder 1TL geriebener Ingwer

Äpfel waschen, aufschneiden, Kerngehäuse und Blütenansätze entfernen. Apfelsaft aufkochen und Temperatur auf Mittelhitze zurückschalten. Äpfel und restliche Zutaten dazugeben und in 5 – 10 Minuten weich kochen. Abkühlen lassen und in die vorbereiteten sauberen Gläser füllen. Dabei das Glas nicht bis obenhin füllen, da die Masse etwas hochgeht: 3 cm bis zur Oberkante freilassen. Gläser verschließen und in den Einkochapparat oder in den Backofen stellen.

ÄPFEL IN DER KÜCHE

Tipp:

Übrigens: beim Einkochen im Backofen keine Gläser mit Gummiringen verwenden, da diese durch die heiße Luft porös werden.

Einkochapparat: auf 75° C stellen. 25 Minuten Hitze halten, Apparat abstellen. Weckgläser herausnehmen und abkühlen lassen.

Backofen**:** Eine Fettpfanne einen Zentimeter hoch mit Wasser füllen und die Gläser in dieses Wasserbad stellen, Backofen auf 175° C (Gas Stufe 3, Umluft 160°) schalten. Wenn im Einmachgut Bläschen aufsteigen, beginnt die Einweckzeit von 25 Minuten. Bis aber die Bläschen aufsteigen, können 80 Minuten vergehen!

Apfelmuskuchen mit einer Haube aus saurer Sahne

Backofen auf 180° C (Gas Stufe 3, Umluft 160°) vorheizen. Eine 26er Springform mit Butter fetten, mit Semmelbröseln ausstreuen. Das Dinkelmehl mit Backpulver mischen. Eier, braunen Zucker, Butter, Mehl und Backpulver im Mixer verrühren und in die Backform füllen. In den Backofen schieben und 10 Minuten vorbacken.

Teig:

100 g Vollkorn-Dinkelmehl
2 TL Backpulver
2 Eier
50 g brauner Rohrzucker
100 g weiche Butter

ÄPFEL IN DER KÜCHE

Belag:

500 g Apfelmus (Rezept s. S. 167)
1 Bourbon-Vanillestange
50 g Kartoffel- oder Maisstärke
2 Eier
200 g saure Sahne
2 EL Zucker

Für die Form:

1 EL Butter, Semmelbrösel

Inzwischen die Vanillestange aufschlitzen und das Mark mit dem Messerrücken auskratzen und in das Apfelmus geben. Mit einem Schneebesen die Kartoffelstärke in das Apfelmus rühren.

Eier trennen. Eigelb mit der sauren Sahne verrühren. Eiweiß mit dem Zucker zu steifem Eischnee schlagen und unter die saure Sahne-Eigelb-Masse mischen.

Die Backform mit dem Teig aus dem Ofen holen und zuerst die Apfelmusmasse und dann die Saure-Sahne-Ei-Mischung darübergeben. Weitere 20 Minuten bei derselben Temperatur backen.

Den Kuchen aus dem Ofen nehmen. Nach 15 Minuten mit einem Messer den Rand von der Form lösen. Der Kuchen sollte erst am folgenden Tag angeschnitten werden.

Tipp:

Dasselbe Rezept kann auch als Nachtisch zubereitet werden. Bereiten Sie dafür den Teig und den Belag wie oben beschrieben vor und verteilen Sie alles auf 8 feuerfeste Gläser (200 ml Fassungsvermögen), die vorher gebuttert und mit Semmelbrösel ausgestreut wurden. Die Gläser in eine Fettpfanne stellen, die 1 cm hoch mit Wasser gefüllt wurde und bei 180° C (Gas Stufe 3, Umluft 160°) 30 Minuten backen bis die Sahnehaube goldbraun ist. *Die Nachspeise kann warm oder kalt gegessen werden.*

Apfel-Kartoffelsuppe mit karamellisierten Apfelspalten

500 g mehligkochende Kartoffeln
2 Zwiebeln
250 g Äpfel
Butterschmalz zum Anbraten
100 ml Weißwein
Gemüsebrühe-Konzentrat für 1 Liter (Rezept s. S. 46)
Pfeffer, Salz, Chili
150 ml Sahne
2 mittelgroße Äpfel
1 TL Zucker
Butter zum Anbraten

Kartoffeln schälen und klein schneiden. Zwiebeln schälen und in Würfel schneiden. Äpfel waschen, Kerngehäuse und Blütenansätze entfernen, achteln. Kartoffeln, Zwiebeln und Äpfel in Butterschmalz anbraten. Mit Wein ablöschen und Gemüsebrühe dazugeben. 20 Minuten köcheln lassen.
Inzwischen aus den restlichen 2 Äpfeln das Kerngehäuse und den Blütenansatz entfernen und in Spalten schneiden. In Butter anbraten. Wenn die Spalten leicht braun werden, Zucker drüberstreuen, wenden und die Pfanne vom Herd nehmen.
Die Suppe mit dem Pürierstab pürieren. Sahne dazugeben und nochmals pürieren. Mit den Apfelspalten anrichten.

Tipp:

Sehr gut schmecken dazu auch karamellisierte Zwiebelstreifen und Estragon-Pesto (Rezept s. S. 95).

Schweine-Koteletts mit Apfel-Senf-Soße und dreierlei Salaten mit Äpfeln

4 große Koteletts à 250 – 300 g
Butterschmalz zum Anbraten
Salz, Pfeffer
2 säuerliche Äpfel
½ – 1 TL Zucker
1 EL Speisestärke
2 EL scharfer Senf
200 ml süße Sahne

Backofen auf 100° C (Gas Stufe 1 – 2, Umluft 80°) vorheizen. Koteletts am Rand mit einem scharfen Messer etwas einschneiden. Im heißen Fett von jeder Seite 3 – 4 Minuten anbraten. Pfeffern und salzen. Aus der Pfanne nehmen, in einen Behälter geben, verschließen und 10 Minuten im Backofen ruhen lassen. Inzwischen Äpfel waschen, Kerngehäuse und Blütenansatz entfernen, in 1 cm dicke Spalten schneiden und im Bratenfett anbraten. Mit Zucker bestreuen und wenden. Die Apfelpalten dürfen nicht zerfallen. Äpfel herausnehmen und beiseitestellen. Hitze reduzieren. Speisestärke in die Pfanne geben, kurz anbraten, Senf und Sahne dazurühren. Noch mal abschmecken.
Die Koteletts zurück in die Pfanne legen und mit Apfelspalten servieren.

Rote Bete-Apfel-Salat

Rote Bete schälen und hobeln. Vom Apfel das Kerngehäuse und den Fruchtansatz entfernen, in feine Stifte schneiden, mit Rote Bete und mit Salatsoße mischen. Schnittlauch fein schneiden und über den Salat geben.

1 mittelgroße Rote Bete-Knolle
1 Apfel,
½ Bund Schnittlauch
Salatsoße siehe unten

Endivien-Apfel-Salat

Endivien waschen, putzen und in feine Streifen schneiden. Vom Apfel das Kerngehäuse und den Fruchtansatz entfernen, in feine Stifte schneiden, mit Endivien mischen. In die Salatsoße die geputzte Knoblauchzehe drücken, verrühren und über den Salat geben.

1 kleiner Endiviensalat
1 kleine Zwiebel
1 Apfel
1 Knoblauchzehe
Salatsoße, siehe unten

Fenchelsalat mit Äpfeln

Das Rezept finden Sie im August, s. S. 162.

Salatsoße für alle drei Salate

5 EL Weinessig,
Salz, Pfeffer
1TL Honigsenf
1/8 l Öl

Apfelmus-Eis mit karamellisierten Walnüssen und Holunderbeersoße

Eis:

300 g Apfelmus
½ TL Zimt
400 ml saure Sahne
4 EL Holunderblütensirup

Soße:

200 g Holunderbeergelee
1 Handvoll halbierte Walnüsse
2 EL Holunderblütensirup

Apfelmus, Zimt, saure Sahne und Holunderblütensirup mischen, in eine Eismaschine füllen, gefrieren lassen. Die Eismasse im TK-Schrank noch 2 Stunden fest werden lassen.
Alternativ: Eismasse in einen Behälter füllen, in den Eisschrank stellen und nach einer halben Stunde noch mal kräftig rühren. Das Rühren alle halbe Stunde noch viermal wiederholen.
Für die Soße das Gelee erhitzen und mit etwas Wasser verdünnen. Abkühlen lassen und über das Eis gießen.
Walnusshälften in einer Pfanne ohne Fett anbraten. Holunderblütensirup darübergießen und Pfanne vom Herd nehmen. Nüsse und Sirup gut vermischen. Abkühlen lassen und hacken. Zum Eis anrichten.

ROTE BETE IM GARTEN

Die Liebe zu Rote Bete hat sich bei mir erst eingestellt, als ich mitbekommen habe, wie leicht sie sich doch im Garten kultivieren lassen. Sie werden kaum von Krankheiten befallen, haben so gut wie keine Fraßfeinde und stellen kaum Ansprüche an den Boden. Dieser sollte nicht frisch gedüngt, aber gut gelockert sein. Und sie sollten nicht immer auf das gleiche Beet gepflanzt werden. Wo sie gestanden haben, sollten sie 3 – 4 Jahre nicht mehr hinkommen. Ausgesät wird von Mitte April bis Mitte Juli direkt an Ort und Stelle. Nach ca. 4 Wochen sind die Pflanzen so groß, dass sie vereinzelt werden können. Ich nehme mir nur ein paar Jungpflanzen und setze sie im Abstand von 30 cm ins Beet. Der Rest der Jungpflanzen bleibt stehen; die Blätter verwende ich für Salate (s. u. „Baby-Leaf-Salate).

Rote Bete immer vorsichtig putzen und waschen, damit sie nicht verletzt werden und ausbluten.

ROTE BETE IM GARTEN

Nach 8 Wochen sind die Rüben bereits groß genug, dass sie geerntet werden können. Sie schmecken aber auch, wenn sie älter und größer geworden sind. Bei der Ernte sollte man darauf achten, dass die Rüben nicht verletzt werden, weil sie sonst ausbluten. Spät ausgesäte Pflanzen können für den Winter in einem kühlen Keller eingelagert werden.

Rote Bete gilt als blutreinigend und blutbildend. Ich bereite aus den Rüben meistens Salate. Sie können roh und gekocht verarbeitet werden. Aber am liebsten mische ich die roten Knollen unter die Gnocchimasse. Damit bekommt das Kartoffelgericht so eine wunderschöne Farbe, dass es nicht nur bei den Kindern der „Prinzessin Lillifee" Generation beliebt ist.

Und die jungen Blätter verwende ich in Baby-Leaf-Salaten. Baby Leaf heißt übersetzt Baby-Blatt. Zu diesen zählen Gemüse- oder Salatsorten, die dicht ausgesät und deren Blätter bereits im ‚Babyalter' geerntet werden. Deshalb sind sie auch besonders zart. Außer jungen Rote Bete-Blättern zählen auch Eichblattsalate, Lollo-Salate, Schnittsalate, aber auch Spinat oder Mangold dazu.

Rote Bete-Gnocchi mit Rosmarin-Gorgonzola-Soße

600 g mehligkochende Kartoffeln
400 g Rote Bete
250 g Mehl
1 TL Salz

Kartoffeln und Rote Bete mit der Schale in ca. 30 Minuten weich kochen. Beide noch heiß schälen. Kartoffeln durch eine Presse drücken, Rote Bete pürieren und beide Gemüse mischen. Püree etwas abkühlen lassen und mit Mehl und Salz gut durchkneten. Aus der Masse fingerdicke Rollen formen. Diese in Stücke schneiden, zu Kugeln

Für die Soße:
200 g Gorgonzola
1 kleine Zwiebel
einige Rosmarinblätter
1 EL Olivenöl
400 ml Sahne
1 Knoblauchzehe
Rosmarin-Zitronen-Salz
(Rezept s. S. 219)

rollen und mit einer Gabel flach drücken. Die Kartoffelklößchen 15 Minuten ruhen lassen.

In der Zwischenzeit die Soße zubereiten: Die Rinde vom Gorgonzola entfernen und den Käse in Würfel schneiden. Zwiebel schälen und in feine Würfel schneiden. Rosmarin hacken. Öl in einem Topf erhitzen. Zwiebel darin dünsten. Sahne, Gorgonzola, Rosmarin dazugeben. Durchgepressten Knoblauch in die Soße geben. Mit Rosmarin-Zitronen-Salz abschmecken.

In einem großen Topf reichlich Salzwasser zum Kochen bringen. Temperatur auf Mittelhitze zurückschalten. Gnocchi hineingeben und 5 Minuten garen, bis sie an die Oberfläche steigen. Mit einem Schaumlöffel aus dem Wasser fischen. Und gut abtropfen lassen.

Gnocchi mit der Soße auf Tellern anrichten.

Tipp:

Traditionell wird eingelegte Rote Bete zu Kohl- oder Fleischgerichten gereicht. Sie schmeckt aber auch sehr lecker zu Schafs- oder Ziegenkäse oder als Beilage zu Braten.

Eingelegte Rote Bete mit Ingwer

2 kg Rote Bete – mittlere Größe
1 walnussgroßes Stück Ingwer
300 g Zwiebeln
250 ml Apfelessig
2 EL Salz
5 EL Zitronenverbenen-Sirup (Rezept s. S. 106) oder 4 EL Zucker
Einmalhandschuhe

Rote Bete waschen, in einen Topf geben und so viel Wasser darübergießen, dass sie bedeckt ist. Wasser aufkochen und Temperatur auf mittlere Hitze zurückschalten. 40 Minuten köcheln lassen. Rote Bete aus dem Wasser herausnehmen, mit kaltem Wasser abschrecken und schälen. Am besten dabei Einmalhandschuhe tragen.

Ingwer schälen und in sehr feine Würfel schneiden. Zwiebeln schälen und in Würfel schneiden. Rote Bete raspeln. Das Gemüse mischen und in Gläser schichten. Wasser, Essig, Salz und Sirup aufkochen und heiß über die Rote Bete geben. Gläser sofort schließen und kühl aufbewahren.

Wintersalat

Vor ein paar Jahren ist mir eine Tüte mit Kopfsalatsamen in die Hände gefallen. Auf der Tüte stand: „Brauner Winter – winterhart!" Das hat mich neugierig gemacht. Ich habe den Samen laut Anweisung Anfang September in Saatschalen ausgesät. Nach 4 Wochen waren die Sämlinge so weit, dass man sie pikieren konnte und nach 8 Wochen pflanzte ich sie ins Beet. Anfangs habe ich noch gegossen, aber dann kam der Winter und der Salat war bis zum März des darauffolgenden Jahres aus dem Sinn. Ich kam zum Beet und die Wiedersehensfreude war groß. Die Pflanzen sahen zwar etwas mitgenommen aus, aber das Herz war noch grün. Wintersalat lässt vermuten, dass es sich um Salat handelt, der im Winter geerntet wird. Aber er heißt nur deswegen so, weil die Jungpflanzen draußen überwintern. Er kommt erst Ende April und im Mai des nächsten Frühjahrs auf den Tisch und ist der erste Freiland-Kopfsalat des Jahres.

Oben: Jungpflanzen des Wintersalats. Übriggebliebene Pflanzen topfe ich ein und verschenke sie (unten).

Der „Braune Winter" ist eine alte Kultursorte – der Samen fällt noch echt aus. Deshalb lasse ich jedes Jahr 2 Pflanzen stehen, damit sie Samen bilden können. Im August ist es dann so weit: Die Samen sind reif und werden geerntet. Manche Samenkörnchen sind auf den Boden gefallen und bereits aufgegangen. Bis zum Herbst werden sie so groß sein, dass sie schon geerntet werden können. Die Pflanzen für das nächste Frühjahr werden aber erst im September ausgesät.

FELDSALAT, SPINAT UND – ROSEN (!)

Der Wintersalat wurde in früheren Zeiten öfter angebaut. Seit die Salate über die kalte Jahreszeit in Gewächshäusern kultiviert werden, ist er ein bisschen aus der Mode gekommen. Aber im eigenen Gemüsegarten ist er als Folgepflanzung für die frei gewordenen Tomatenbeete herzlich willkommen.

Außer dem „Braunen Winter" gibt es noch „Maiwunder", „Maikönig", „Winterbutterkopf". Sie alle sind noch im Handel erhältlich.

FELDSALAT UND SPINAT IM GARTEN

Im September werden die Tomaten aus dem Beet genommen. Sie haben über Nacht Braunfäule bekommen und mussten entfernt werden. Das Beet ist wieder frei für neue Kulturen wie Wintersalat, sowie Spinat und Feldsalat.
Vom Feldsalat gibt es zwei Arten, die in den Gärten angebaut werden: die eine hat relativ lange und schmale Blätter. Die andere hat kleine, rundliche Blättchen und ist von dunkelgrüner Blattfarbe. Und genau diese bevorzuge ich, obwohl es mühsamer ist, sie zu putzen. Aber sie schmeckt einfach besser und ist zudem auch winterhärter als diejenige mit den langen schmalen Blättern. Feldsalat

stellt an den Boden keine besonderen Anforderungen. Als Schwachzehrer muss er nicht gedüngt werden. Ich säe ihn am liebsten in Reihen aus. Das erleichtert mir das Hacken im Oktober, falls noch einmal Unkraut aufgehen sollte. Wenn alles gut geht, kann der Salat ab November geerntet werden. Da der rundliche Feldsalat Minustemperaturen von – 15° C übersteht und auch noch bei 5° C keimt, kann man nachfolgend noch bis in den Oktober aussäen. Dieser Salat kommt dann im nächsten Frühjahr auf den Tisch.

Ähnlich wie Feldsalat wird auch Spinat kultiviert. Spinat gehört aber zu den Mittelzehrer und ist für eine Kompostgabe dankbar. Bei der Sortenauswahl sollte man sowohl beim Feldsalat als auch beim Spinat darauf achten, dass sie mehltauresistent sind.

ROSEN AUS STECKLINGEN ZIEHEN

Tipp:

Die beste Zeit für diese Art von Vermehrung ist von Mitte August bis Anfang September. Wenn man die Stecklinge bereits im Juni schneidet, könnte es ihnen im Juli unter der Glashaube zu heiß werden. Setzt man die Stecklinge später, können sie unter Umständen vor dem Winter nicht rechtzeitig einwachsen.

Eine Freundin hatte mich einmal ermuntert, meine Lieblingsrosen doch selbst zu vermehren. Sie erzählte mir, dass sie zum Hochzeitstag einen Rosenstrauß mit Englischen Rosen bekam. Nachdem die Blüten in der Vase nicht mehr schön waren, hat sie folgenden Versuch gewagt.

Sie schnitt mit einem scharfen Messer die unreifen grünen Fruchtstände (Hagebutten) und die beiden darunterliegenden Blätter ab. Der nächste Schnitt wurde etwa 30 cm darunter angesetzt, und zwar genau unterhalb einer Blattachse. Das ist wichtig, denn dort sitzen die meisten Wachstumshormone, aus denen sich einmal Wurzeln bilden sollen. Bis auf die oberen 2 Blattstiele hat sie alle Blätter vorsichtig entfernt. Dabei achtete sie darauf, dass der Stängel nicht verletzt wurde. So vorbereitet, wurde der Steckling in ein Beet mit gut gelockerter Erde gepflanzt. Nur die verbliebenen Blätter schauten oben noch heraus. Dann wurde der Steckling kräftig gegossen und

Die Stängel werden in ein tief gelockertes Beet auf einen geschützten Platz gepflanzt. In diesem Fall habe ich einen Platz an der Buchshecke gewählt. Die verbliebenen Blätter müssen oben noch herausschauen.

Die Stecklinge werden mit Einmachgläsern abgedeckt und im Winter mit Tannenreisig geschützt

damit sich um den Steckling ein feuchtes Klima bilden konnte, hat sie ein Einmachglas darübergestülpt. Das ist alles, hat sie mir erklärt. Nur bei Trockenheit müsste noch mal nachgegossen werden. Im Winter wurden die Gläser mit Nadelbaumzweigen geschützt, die sie um die Gläser legte. Und im nächsten Jahr hätten die Stecklinge bereits geblüht.

Ich habe das längst auch ausprobiert – es hat geklappt!

Dafür habe ich ein paar abgeblühte Zweige der robusten Strauchrose „Rosenstadt Freising" gewählt und die Zweige wie beschrieben vorbereitet. Die Stängel waren insgesamt zwischen 25 – 35 cm lang. Man kürzt den Zweig direkt unter einer Blattachse. Bis auf die obersten 2 Blatt-

Tipp:

Wenn Sie diese Rosenvermehrung auch einmal probieren möchten, wählen Sie eine gesunde Sorte mit guten Wuchseigenschaften.

stiele werden alle Blätter darunter vorsichtig entfernt. Der Stiel darf dabei nicht verletzt werden.

Foto oben: Nach einem Jahr hole ich im Herbst die Rosen heraus und pflanze sie in hohe Töpfe oder an ihren endgültigen Standort. Sie müssen unbedingt im ersten Winter geschützt werden. Es hat sich bewährt, sie anzuhäufeln oder mit einer dicken Schicht Laub abzudecken.

Foto rechts: Rose „Rosenstadt Freising“

Kürbis, Quitte und Chili im Garten

Kürbis, Quitte und Chili in der Küche

KÜRBIS, DER DÄMON IM GARTEN

Was Anfang Mai scheinbar so harmlos heranwächst, entpuppt sich bereits nach wenigen Wochen als ein Dämon aus einem Samenkorn. Wie ein entfesselter Geist sucht er sich einen Weg durch den Gemüsegarten und droht alles zu überwachsen, was sich ihm in den Weg stellt.
Die Rede ist vom Kürbis. Im Mai habe ich zwei Pflanzen in den Garten gesetzt und bereits im Juli ist eine davon zu einer meterlangen Monsterpflanze herangewachsen. Ich habe die Pflanze dorthin gelenkt, wo Platz war, habe Triebe gekürzt oder sogar ganz entfernt. Der Lohn dafür ist groß. Ich habe so viele Früchte geerntet, dass ich Vorrat für einen langen Winter anlegen kann.

In meinem Garten haben jedes Jahr zwei Kürbispflanzen Platz. Ein Hokkaido gehört immer dazu, denn die kleinen Kugeln, die man nicht schälen muss, schmecken hervorragend, lassen sich gut portionieren und können zu vielen verschiedenen Gerichten verwendet werden. Der Hokkaido bekommt seinen Platz auf der ruhenden Kompostmiete. Dort nimmt er schnell den Zaun in Beschlag und einige Früchte können sogar noch bzw. erst im November geerntet werden: Die Kürbisse sind nämlich auf das Dach des Gartenhauses geklettert und müssen warten, bis der Platz geräumt wird.

Die zweite Sorte variiert von Jahr zu Jahr. Mal ist es ein Squash, mal Butternut, ein Patisson, Ölkürbis oder wie sie alle heißen. Auf Gartenmärkten gibt es inzwischen ein Riesenangebot und weil ich von jeder Sorte nur eine Pflanze setzen kann, lohnt sich die Aussaat nicht. Außerdem müsste ich den Samen kaufen, denn mit Selbstgesammeltem muss man vorsichtig sein: Nicht jeder fällt sortenecht aus. Da könnte es im Herbst böse Überraschungen geben, wenn man feststellt, dass die heranwachsende Sorte sich nur als Zierkürbisse eignet.

In diesem Jahr habe ich mir den etwas süßlich schmeckenden Muskatkürbis ausgesucht und ihn auf ein Hochbeet gepflanzt. Schnell war dieser aus der „Kinderstube" herausgewachsen und hat einen Gartenweg für uns praktisch unpassierbar gemacht.

Irgendwann wuchs er sogar aus unserem Garten hinaus

und entzog sich unseren Blicken. Unser Wanderkürbis hat nur 2 dicke wunderschöne grüne Früchte getragen, die sich im Winter ockerbraun verfärben. Aber die 2 Riesen reichen. Jeder von ihnen wiegt 15 kg und wenn man bedenkt, dass pro Mahlzeit höchstens 500 g Fruchtfleisch gebraucht werden, kann man sich ausrechnen, für wie viele Mahlzeiten so ein Koloss reicht.

Muskatkürbis auf dem Hochbeet.

KÜRBIS IN DER KÜCHE

Es gibt Kürbisse, die lassen sich lange im Keller lagern. Dazu gehören auch Hokkaido und Muskatkürbis. Weil der Muskatkürbis aber so riesig ist und man ihn kaum im Ganzen verwerten kann, habe ich ihn portioniert und eingekocht. Das ist sehr praktisch, denn so habe ich immer Kürbis zur Hand, wenns mal schnell gehen muss. Das Püree verwende ich z. B. für Eintöpfe, Kuchen, Gemüsepüree. Kürbis ist vom Geschmack her neutral und lässt sich sowohl salzig, wie auch süß oder scharf kombinieren.

Kürbispüree einkochen

Den Backofen auf 200° C (Gas Stufe 3, Umluft 200°) vorheizen. Kürbisse halbieren, Kerne mit einem Esslöffel herausschaben, die Kürbishälften in die Fettpfanne legen, auf die untere Schiene des Backofens schieben und weich backen. Je nach Größe des Gemüses variiert die Backzeit

zwischen 60 und 80 Minuten. Große Früchte wie den Muskatkürbis teile ich in mehrere Stücke, damit er auf das Backblech passt.

Wenn die Kürbisse weich sind, werden sie aus dem Ofen herausgenommen. Das Fruchtfleisch aus der Schale herauslöffeln. Den so gewonnenen Kürbisbrei in saubere Gläser füllen, verschließen und im Einkochtopf bei 75° C 30 Minuten lang sterilisieren. So hält er sich mindstens ein Jahr.

Kürbisquiche

Eine Quicheform (Durchmesser 30 cm) einfetten und mit Semmelbröseln bestreuen. Mehl, Butter, Salz und Eigelb zu einem glatten Teig verkneten. Sollte er zu bröselig werden, noch etwas Wasser dazugeben. Die Quicheform damit auslegen, einen Rand hochziehen und für mindestens eine halbe Stunde in den Kühlschrank stellen.

Inzwischen den Belag vorbereiten: Kürbis ungeschält grob raspeln, Zwiebeln schälen und in Würfel schneiden, Dörrfleisch würfeln, Petersilie fein hacken, waschen, trocken schütteln. Saure Sahne mit Eiern und geraspelten Käse gut verrühren, mit Salz und Pfeffer abschmecken.

Zwiebeln und Dörrfleisch in wenig Öl anbraten, etwas abkühlen lassen und mit den übrigen vorbereiteten Zutaten für den Belag mischen. Auf den gekühlten Teig geben und bei 180° C (Gas Stufe 3, Umluft 160°) 45 Minuten backen.

Für den Teig:

1 EL Semmelbrösel, etwas Butter
250 g Mehl
100 g Butter
1 Msp. Salz
1 Eigelb

Für den Belag:

300 g Hokkaido-Kürbisfleisch
2 Zwiebeln
150 g Dörrfleisch
1 Bund Petersilie
250 ml saure Sahne
3 Eier, 1 Eiweiß
125 g Emmentaler Käse, geraspelt
Öl zum Braten
Salz und Pfeffer

Das vorbereitete Gemüse kommt in die Fettpfanne und wird in den Ofen geschoben.

Für 8 Personen:

Marinade:

3 EL Distelöl
3 EL Kürbiskernöl
3 EL Zitronenverbenen-Sirup (Rezept s. S. 106) oder Honig, 1 Bio-Zitrone
1 – 2 TL Harissa (Rezept s. S. 202)
3 – 4 EL Kräutersamen-Salz (Rezept s. S. 149)

Gemüse:

1 kleiner Hokkaido (ca. 1 kg)
1 kg Kartoffeln
1 mittelgroße Rote Bete
4 kleine Zwiebeln
4 kleine Äpfel
2 mittelgroße Karotten
50 g Walnüsse
1 EL Zitronenverbenen-Sirup (Rezept s. S. 106) oder flüssiger Honig

Backofengemüse mit Kürbis, Harissa und Joghurt-Dip

Für die Marinade: Öl, Sirup, Abrieb und Saft der Zitrone, Harissa und Salz in einer Schüssel gut mischen.
Kürbis waschen, halbieren und die Kerne mit einem Löffel herausschaben. Den Kürbis in der Breite noch einmal halbieren und in 2 cm dicke Spalten schneiden. Kartoffeln, Rote Bete und Zwiebeln schälen, halbieren und in 2 cm dicke Spalten schneiden. Äpfel vierteln, das Kerngehäuse entfernen und längs in Spalten schneiden. Karotten waschen, putzen und in Spalten schneiden. Das vorbereitete Gemüse in die Marinade legen und gut vermischen. Backofen auf 200° C (Gas Stufe 4, Umluft 180°) stellen.

Gemüse auf die Fettpfanne geben und 35 Minuten backen. Nüsse in einer Pfanne ohne Fett rösten. Mit dem Sirup ablöschen, von der Herdplatte ziehen. Nüsse und Sirup gut vermischen und auf ein Schneidbrett geben. Nüsse abkühlen lassen und hacken. Das Gemüse aus dem Ofen nehmen und mit Sirup-Nüssen bestreuen.
Für den Dip den Joghurt in eine Schale geben, Knoblauch schälen und in den Joghurt pressen, mit Salz und Pfeffer würzen.

Dip:
400 g Joghurt, 10 %
3 – 4 Knoblauchzehen
Salz und Pfeffer

Hummus essen wir gerne auf Fladenbrot gestrichen als kleine Vorspeise oder zum Wein.

Hummus von Kürbis und Kichererbsen

250 g Kichererbsen aus der Dose
250 g Kürbispüree (Rezept s. S. 191)
1 Bio-Zitrone
1 Knoblauchzehe
1 EL Harissa
1 TL Kreuzkümmel
2 EL Olivenöl
Salz
etwas Paprikapulver
einige Samenkörner der Jungfer im Grünen oder Schwarzkümmel
Petersilie

Kichererbsen und Kürbismus auf einem Sieb gut abtropfen lassen, dann in eine Schüssel geben und mit dem Pürierstab fein pürieren.
Zitronenschale dünn abreiben, den Saft auspressen und zum Mus geben. Knoblauch schälen, durchpressen und mit Harissa, Kreuzkümmel und 1 EL Olivenöl zum Mus geben. Gut verrühren und mit Salz abschmecken.
Hummus in eine Schalen füllen und mit einem EL in der Mitte der Masse eine Mulde bilden, in die man das restliche Olivenöl gibt. Mit Paprikapulver und selbst gesammelten Samen der Jungfer im Grünen oder mit Schwarzkümmel bestreuen, mit Petersilie garnieren.

QUITTEN IM GARTEN

Lange Zeit hat man kaum noch etwas von der Quitte gehört. Sie war ein bisschen aus der Mode gekommen. Jetzt ist sie wieder da und man erhält sie von Oktober bis November in gut sortierten Supermärkten. Durch neue Züchtungen hat sich die Qualität der Bäume verbessert – sie tragen größere und weniger schorfanfällige Früchte. In unserem Obstgarten wachsen zwei Quittenbäume. Der eine trägt apfel- und der andere birnenförmige Früchte. Birnenquitten sind weicher als Apfelquitten und lassen sich besser verarbeiten. Ihr Geschmack ist mild. Das Fruchtfleisch der Apfelquitten ist dafür aromatischer als das der Birnenquitten.

QUITTEN IN DER KÜCHE

In diesem Jahr haben unsere Bäume mehr Früchte getragen als wir frisch essen konnten. Deshalb habe ich einen Teil zu Quittenmus und einen Teil zu Saft verarbeitet. Einige Früchte lege ich auf den Wohnzimmerschrank, wo sie einen köstlichen Duft abgeben.

Quittensaft

Vor einiger Zeit habe ich mir einen Dampfentsafter zugelegt. Er sieht aus wie ein großer Kochtopf, der sich aus mehreren Elementen zusammensetzt. In den untersten Teil des Topfes wird Wasser gefüllt. Darauf kommt der Fruchtsieb-Einsatz. In diesen kommen die gewaschenen und grob zerkleinerten Früchte samt Stielen und Kernen. Zucker nach Bedarf dazugeben. Der Topf wird auf der Herdplatte erhitzt und die Früchte werden so lange dem Wasserdampf ausgesetzt, bis die Fruchtzellen platzen und der Saft austritt. Dieser läuft über einen Schlauch ab, wird in saubere Flaschen gefüllt, die sofort verschlossen werden. Der Saft hält sich monate-, manchmal sogar jahrelang.

Falls man keinen Entsafter zur Hand hat, kann man die Quitten auch in einem normalen Kochtopf entsaften. Dazu werden sie gewaschen, grob zerkleinert und mit Kernen und Stielen in Wasser weich gekocht. Pro Kilogramm Fruchtfleisch gibt man einen Liter Wasser dazu.

In ein Sieb ein Tuch legen, die weichgekochte Masse einfüllen und über Nacht abtropfen lassen. Den aufgefange-

Tipp:

Warmer Quittensaft mit Honig ist ein bewährtes Mittel gegen Husten, Heiserkeit und Erkältungskrankheiten.

Hier wird Quittenmarmelade für die Quitten-Bonbons (Rezept s. S. 199) auf dem Ofen getrocknet.

1 kg Quitten
300 g Gelierzucker 1:2
1 Bio-Orange

Tipp:
Sehr lecker schmeckt die Marmelade, wenn man noch 2 mittelgroße geschälte Bananen dazugibt und mitpüriert.

nen Saft noch mal erhitzen, nach Bedarf Zucker dazugeben, in Flaschen abfüllen und sofort verschließen.

Quittenmarmelade

Die Quitten waschen, trocken reiben, vierteln und mit wenig Wasser in einem Topf weich kochen. Nach 20 Minuten vom Herd nehmen, Wasser abschütten. Die Früchte schälen, das Kerngehäuse wegschneiden und im Mixer pürieren. Gelierzucker, Saft und Abrieb von der Orange dazugeben und in einen Kochtopf geben. Die Masse 4 Minuten kochen lassen, in Gläser füllen und sofort verschließen.

Quitten-Bonbons

Quittenkugeln schmecken prima als Bonbons. Quittenmarmelade leicht erhitzen und in eine Auflaufform geben. 3 Tage lang an einem warmen Ort trocknen lassen. Mit einem Teelöffel kleine Portionen abstechen und diese in den Händen zu Kugeln formen. In Zucker wälzen.

Quittenmarmelade von einem Kilo Früchte
Zucker zum Wälzen

Quitten-Curry mit Kräuterseitlingen

Quitte schälen, vierteln, entkernen und in mundgerechte Würfel schneiden. Die Pilze waschen, gut abtropfen lassen und ebenfalls in mundgerechte Stücke schneiden. Zwiebel schälen und in Würfel schneiden. Pilze im Öl anbraten, Zwiebeln und Quitten dazugeben und mitbraten. Curry dazugeben und mit Kokosmilch ablöschen. Zugedeckt 10 – 15 Minuten dünsten, bis die Quitten weich sind. Mit Chilisalz abschmecken und mit Petersilie bestreuen. Dazu passen chinesische Eiernudeln.

500 g Quitten
500 g Kräuterseitlinge (oder Austernpilze)
Öl zum Braten
1 Zwiebel
1 – 2 EL Currygewürz (Rezept s. S. 151)
1 Dose Kokosmilch (400 ml)
Chilisalz (Rezept s. S. 218)
Petersilie, gehackt

CHILI IM GARTEN?

Chili oder wie scharf darfs denn sein?

Sie heißen z. B. Habanero, Jalapeño, Piri Piri, Tabasco und sie feuern die Geschmacksnerven an. Die kleinen roten, gelben oder grünen Schoten haben es faustdick unter der Schale. Sie können sehr mild sein oder auch höllisch scharf. Der Stoff, aus dem die Schärfe kommt, heißt Capsaicin. Je mehr davon in der Schote enthalten ist, desto schärfer ist sie. Am meisten davon enthalten die Scheidewände und die Samen der Frucht. Die Schärfe wird nach einer Skala von 1 bis 10 berechnet – der sogenannten Scoville-Skala, die nach ihrem Erfinder benannt wurde. So wird z.B. ein milder Paprika mit der Schärfe 0 angegeben. Ein scharfer ‚Habanero' steht in der Skala auf Stufe 10. Aber inzwischen gibt es so scharfe Chilisorten, dass die Skala längst erweitert werden müsste. Zu den schärfsten Chilis gehören Sorten aus der Gruppe der Capsicum chinense (botanischer Name einer Chiliart). Die zur Zeit noch schärfste Pflanze ist nach Meinung der Experten ‚Bhut Jolokia' und ist der leibhaftige Teufel in Schotenform. Es liegt also ganz an Ihnen, wie scharf es auf Ihrem Teller sein darf …

Ab August werden die Schoten reif. Aber oft haben sie ihren Erntehöhepunkt erst Ende September, Anfang Oktober. Dann wird es Zeit, alle Früchte zu ernten und für einen feurigen Winter zu konservieren.
Chilischoten können als ganze Frucht eingefroren und nach Bedarf einzeln entnommen werden. Noch gefroren kann man sie klein schneiden und wie frische Früchte

weiterverwenden. Chilischoten lassen sich aber auch sehr gut trocknen. Damit sie von innen nicht schimmeln, entfernt man den Stiel und halbiert die Frucht. Ob die Innenwände und Samen herausgenommen werden oder nicht, hängt davon ab, wie scharf das Gewürz werden soll. An einem warmen Ort wie z. B. im Backofen, an der Heizung oder auch im Dörrapparat werden sie langsam getrocknet und dann in Vorratsbehälter gefüllt. Nach Bedarf zerkleinere ich die getrockneten Schoten im Mixer für Chilisalz (Rezept s. S. xxx), Chiliflocken oder scharfe Würzpasten.

20 g getrocknete Chiliflocken
2 EL heißes Wasser
2 TL Korianderkörner
3 TL Kreuzkümmelsamen
1 TL grobes Meersalz
3 Knoblauchzehen
1 TL Tomatenmark
6 EL ÖL
nach Bedarf 3 – 4 Blätter frische Minze

Harissa – die scharfe Würzpaste aus Marokko

Beim Zubereiten von Harissa sollte man Einmalhandschuhe tragen. Die Chiliflocken im heißen Wasser 30 Minuten einweichen. Koriander- und Kreuzkümmelsamen in einer Pfanne ohne Fett anbraten, bis sie anfangen zu duften. Etwas abkühlen lassen und zusammen mit dem Salz im Mixer zu einem Pulver mahlen. Tomatenmark mit Öl mischen. Knoblauch durch eine Presse drücken und dazugeben. Chilis und Gewürze dazugeben. Mit einem kleinen Schneebesen alles gut mischen. Der Inhalt reicht für ein Glas mit 100 ml Fassungsvermögen.

Überwintern empfindlicher Kräuter

Letzte Kräutermischungen

Rezepte mit Zitronenkräutern

ÜBERWINTERN VON KRÄUTERSTRÄUCHER

Im November ist noch keine Zeit zum Ausruhen – es gibt noch viel zu tun. Einige Beete müssen noch abgeräumt und mit dem Spaten bearbeitet werden. Da der Boden in unserem Garten sehr lehmig und schwer ist, komme ich nicht umhin, ihn vor dem Winter nochmal umzugraben. Wenn er im Winter gefriert, setzt die sogenannte Frostgare ein, die die groben Schollen bis zum nächsten Frühjahr in eine feinkörnige Bodenstruktur verwandelt. Die ist für Aussaat und Jungpflanzen unabdingbar.
Aber noch bin ich die meiste Zeit damit beschäftigt, Laub zusammenzufegen. Im November scheint dies kein Ende zu nehmen. Im Garten selbst lasse ich die Blätter der Bäume einfach liegen. Es wäre eine Verschwendung, sie aus dem Naturkreislauf zu nehmen. Innerhalb eines Winters werden Regenwürmer und Kleinstlebewesen im Boden die Blätter in wertvollen Humus verwandelt haben. Nur in trockenen, schneefreien Wintern dauert es manchmal ein bisschen länger. Aber im Hof und auf Gehwegen wird gefegt. Das Laub wird im Garten verteilt und auf dem Rasen tut der Rasenmäher gute Dienste: Er sammelt die Blätter, häckselt sie und verteilt sie wieder auf dem Rasen. Denn auch der Rasen freut sich auf eine Extraportion Humus.
Nur die Blätter des Walnussbaumes werden aufgesammelt, damit darin keine Pilzkrankheiten überwintern können. Außerdem enthalten sie zu viele Gerbstoffe, die den Pflanzen, die darunter wachsen, auf Dauer nicht guttun würden. Diese Blätter streue ich am Rand des Gartens unter die Hecke.

Das Überwintern kälteempfindlicher Kräutersträucher: Rosmarin, Lorbeer, Zitronenverbene und argentinische Minze (Lippia polystacha)

Diese Kräuter möchte ich in der Küche nicht mehr missen. Ich brauche sie für herzhafte und süße Gerichte und für Tee. Bei Temperaturen ab minus 3° C wird es ihnen zu kalt. Ich habe sie im April in die Beete gepflanzt, wo sie den ganzen Sommer lang gestanden haben. Sie fühlen sich dort sichtlich wohler als im engen Kübel. Sie wachsen besser, sind gesünder und ihre Blätter sind aromatischer. Bevor die ersten stärkeren Fröste kommen, gehe ich mit dem Spaten durch die Reihen und grabe sie aus. Nur ein paar meiner Rosmarinsträucher dürfen im Garten blei-

Ein Rosmarinstrauch wird ausgegraben.

Substrat für mediterrane Kräuter

1 Teil Gartenerde
1 Teil Staudensubstrat
1 Teil Lavasplit
Alles gut vermischen. Nicht verbrauchtes Substrat abdecken – es darf nicht austrocken.

Zitronenverbene

ben. Ich habe mir mehrere Sträucher zugelegt – die Hälfte davon lasse ich draußen. Sie vertragen Frost bis minus 10° C. Vielleicht klappt es in diesem Winter ja auch wieder mit dem Durchkommen. Von allen anderen Pflanzen, die ich eingesammelt habe, stutze ich die Wurzeln, damit sie wieder in ihren alten oder in den nächstgrößeren Topf passen. Dann mische ich etwas Erde (Mischung s. links) und fülle damit die Hohlräume auf. Zum Schluss werden die Stängel um die Hälfte des diesjährigen Wuchses zurückgeschnitten. Das ist nötig, weil durch den Umzug in den Topf Wurzeln beschädigt wurden und durch den Wurzelrückschnitt nicht mehr so viel Blattmasse versorgt werden kann. Die frisch getopften Pflanzen bleiben draußen stehen, bis sich Frost von minus 3° C einstellt. Dann kommen sie ins Haus. Zitronenverbene und Australische Minze sind pflegeleicht. Sie verlieren ihre Blätter und können deshalb dunkel und kühl aufgestellt werden, z. B. im Keller. Alle vier Wochen werden sie kontrolliert. Nur wenn die Erde vollkommen ausgetrocknet ist, bekommen sie etwas Wasser. Rosmarin und Lorbeer sind etwas anspruchsvoller. Da sie weiterhin ihre Blätter tragen, müssen sie in einem hellen Treppenhaus oder im kühlen Schlafzimmer überwintern. Sie dürfen nur mäßig gegossen werden, aber auch nicht austrocknen.

Die abgeschnittenen Kräuter trockne ich am Ofen. Damit fülle ich noch mal meinen Vorrat auf.

LETZTE KRÄUTERMISCHUNGEN

Manche Kräuter lassen sich auch noch spät im Jahr trocknen. Dazu gehören alle oben erwähnten Kräuter, außerdem noch Thymian und Salbei. Wenn ihre Blätter noch einwandfrei sind und keine braunen Stellen aufweisen, lege ich sie auf ein Backblech und trockne sie am Ofen oder an der Heizung. Sie dürfen aber nicht verbrennen – also halte ich immer Abstand zur Wärmequelle. Erst wenn die Blätter rascheltrocken sind, streife ich sie von den Stängeln und bewahre sie in Gläsern auf, die ich dunkel stelle. Erst kurz bevor ich sie verarbeite, werden sie fein gerieben oder gemahlen, damit sich ihr Aroma so lange wie möglich erhält.

Späte Kräutermischungen

Zitronenkräuter-Mischungen

Den größten Teil der getrockneten Zitronenverbene verwende ich jetzt für Teemischungen. Einen Teil behalte ich zurück für eine Zitronenkräutermischung aus Zitronenverbene und Zitronenthymian. Jetzt im November schneide ich noch einen Teil vom Thymian ab und trockne ihn. Ich mische die beiden Kräuter zu gleichen Teilen. Je nach Bedarf mixe ich sie kurz vor Gebrauch sehr fein mit Salz oder mit Zucker. Die salzige Variante schmeckt gut in Marinaden, zu Aufläufen oder Eintöpfen. Die süße Variante schmeckt fantastisch in Rührkuchen.

Zitronenkräuter

1 Teil Zitronenverbenen
1 Teil Zitronenthymian

Zitronenkräutersalz:

5 EL getrocknete Zitronenkräuter
Abrieb von 1 Bio-Zitrone
1 EL grobes Meersalz

Alles zusammen im Mixer fein mahlen und in ein Glas füllen.

250 g Butter
200 g Zucker
2 TL Zitronenkräuter (Rezept s. S. 207)
1 Bio-Zitrone
4 Eier
300 g Mehl
2 TL Backpulver
Fett für die Form

Glasur:

Saft von 2 Zitronen
150 g Puderzucker

Zitronenkräuterkuchen

Backofen auf 180° C (Gas Stufe 3, Umluft 160°) vorheizen, Kuchenform einfetten.

3 EL Zucker mit den Zitronenkräutern im Mixer fein mahlen. Mehl mit Backpulver vermischen.

Butter, restlichen Zucker, Kräuterzucker, Eier und Zitronenabrieb schaumig schlagen. Mehl mit Backpulver vorsichtig darunterrühren. Teig in die Form geben und ca. 50 Minuten backen.

In den noch warmen Kuchen mit einem Holzstäbchen viele Löcher stechen. Puderzucker mit so viel Zitronensaft glatt rühren, bis eine dicke zähe Masse entsteht. Restlichen Zitronensaft über den Kuchen träufeln. Zum Schluss den Kuchen mit dem Zitronenguss überziehen.

Bratkartoffeln mit Dörrfleisch, Rosmarin und Zitronenkräuter-Salz

1 kg längliche Kartoffeln
z. B. Bamberger Hörnchen
150 g Dörrfleisch
1 Zweig Rosmarin
1 TL Zitronenkräuter-Salz
(Rezept s. S. 207)
Öl zum Braten

Die Kartoffeln gut waschen und sauber bürsten. Mit der Schale halbieren. Das Dörrfleisch in nicht zu kleine Würfel schneiden und in einer schweren Eisenpfanne auslassen. Die Würfel aus dem Fett nehmen und zur Seite stellen. Kartoffeln im Fett bei hoher Temperatur anbraten. Eventuell noch etwas Öl dazugeben. Hitze reduzieren und Kartoffeln in ca. 15 – 20 Minuten fertig braten. Dörrfleisch dazugeben. Rosmarinnadeln fein hacken und mit dem Kräutersalz über die Kartoffeln streuen, kurz mitbraten und servieren.

Dazu gibt es Feldsalat.

1,5 kg Lammkeule
2 EL Harissa (Rezept s. S. xxx)
4 EL Rapsöl
2 Zwiebeln
3 Möhren
6 mittelgroße Kartoffeln
100 ml Wein
1l Wasser
1 EL Gemüsebrühe-Konzentrat (Rezept s. S. 46)
2 Rosmarinzweige
3 Lorbeerblätter
1 EL Zitronenkräuter-Salz (Rezept s. S. 207)
1 TL Zimt
4 Knoblauchzehen
40 g Tomatenmark

Lamm-Eintopf mit Rosmarin und Zitronenkräutern

Das Fleisch vom Knochen lösen und das Fett entfernen. Knochen zur Seite legen. Das Fleisch in nicht zu kleine Würfel schneiden. 2 EL Öl mit 1 EL Harissa vermischen und Fleisch darin einlegen.

Inzwischen Zwiebeln schälen, in Streifen schneiden. Möhren waschen, in Scheiben schneiden. Kartoffeln schälen und längs achteln. Restliches Öl mit dem restlichen Harissa vermischen und das Gemüse darin einlegen. Eingelegtes Fleisch bei hoher Temperatur in einem gusseisernen Schmortopf kurz anbraten und mit Wein ablöschen. Wasser und Gemüsebrühe-Konzentrat dazugeben. Knochen, Rosmarin und Lorbeerblätter dazugeben. 30 Minuten bei mittlerer Hitze schmoren lassen.

Inzwischen das eingelegte Gemüse in einer schweren Pfanne 5 Minuten anbraten. Mit Zitronenkräuter-Salz und Zimt würzen.
Nach 30 Minuten Schmorzeit das angebratene Gemüse dazugeben und weitere 30 Minuten schmoren. Knoblauch durch eine Presse in den Schmortopf drücken. Mit Tomatenmark unter die Soße rühren. Den Knochen entfernen.
Dazu gibt es frisches Bauernbrot.

Salbei (Salvia officinalis)

Der Salbei hatte einst in der Medizin so einen hohen Stellenwert, dass man über ihn sagte: „Hast du Salbei im Garten, musst du den Tod nicht fürchten.“ Aber wir wissen ja alle, dass gegen den Tod kein Kraut gewachsen ist. Passender ist da vielleicht der Spruch: „Hast du Salbei im Garten, hast du immer ein Kraut für ein schnelles Essen.“ Für mich gibt es kaum eine schnellere Mahlzeit als Spaghetti, in Butter gebraten mit gehackten Salbeiblättern – fertig!
Salbei gibt es theoretisch das ganze Jahr über im Garten – vorausgesetzt, der Winter wird nicht allzu hart oder Schnee bedeckt das Kraut. Jetzt im November steht er aber noch so gut da, dass ich noch mal einige Zweige ernte und für Tee trockne. Man weiß ja nie, ob man ihn im Winter für Halsentzündungen oder Erkältungskrankheiten braucht.
Und mit dem Spanischen Salbei bereite ich noch einmal eine besonders leckere und schnelle Vorspeise zu:

** Spanischer Salbei – Salvia lavandulifolia.*

16 getrocknete Pflaumen
16 dünne Scheiben Frühstücksspeck
*16 Blätter spanischer Salbei**
Butterschmalz

Getrocknete Pflaumen im Speckmantel mit Salbei

Pflaumen mit einem Salbeiblatt belegen. Mit Speck umwickeln und in Butterschmalz anbraten.

Der spanische Salbeistrauch mit den kleinen schmalen Blättern ist besonders aromatisch und enthält nicht den Wirkstoff Thujon, der, in großen Mengen genossen, für Menschen giftig werden kann. Durch die kleine Blattform eignet er sich besonders gut für die oben beschriebene Vorspeise.

Impression aus dem Novembergarten.

Vogelfutter

Geschenke aus dem Garten: Pasten, Cracker, Tee

Wieder einmal bin ich im Garten nicht ganz fertig geworden, einiges stand noch auf dem Plan. Aber plötzlich ist die Luft raus. Was ich nicht geschafft habe, muss bis zum nächsten Jahr warten. Es ist sowieso nicht mehr sinnvoll, den Garten zu betreten. Der Herbst hat Regen gebracht und die Böden sind nass. Häufiges Betreten schadet dem aufgeweichten Boden, er könnte sich verdichten.
Jetzt bin ich lieber im Haus und kümmere mich um meine gesammelten und eingelagerten Kräuterschätze. Die Vorratsflaschen sind gut gefüllt und die Zeit ist gekommen, um kleine Geschenke aus der Vorratskammer herzustellen.

Gartenlaternen werden zu Futterhäuschen.

VOGELFÜTTERUNG

Das Einzige, was mich jetzt noch in den Garten lockt, sind die Vögel. Allmählich wird es Zeit, mit ihrer Fütterung zu beginnen. Noch finden sie Äpfel und Nüsse und in der Hecke gibt es noch Hagebutten, Pfaffenhütchen, Hartriegel, Weißdorn, Berberitzen und auf den Beeten finden sie noch jede Menge Samen von abgeblühten Staudenhorsten. Erst wenn die Vögel nichts mehr zu fressen finden, werden sie bei uns im Garten gefüttert. Die Laternen, die im Sommer nachts den Garten beleuchtet haben, werden im Winter zu Futterhäuschen umfunktioniert.

Vogelfutter selber machen

Futterglocken für die Winterfütterung sind leicht herzustellen. Man braucht dafür nur wenige Zutaten und sie sind garantiert frei von Unkrautsamen.
Fett langsam erhitzen bis es geschmolzen ist. Die Futtermischung einrühren und die Masse erkalten lassen. Die Kordel am Ast festbinden und durch das Loch im Boden des Blumentopfes führen. Am Ende verknoten. Die Fett-Körnermasse in den Topf füllen, mit einem Löffel festdrücken.

1 Tonblumentopf, Durchmesser 10 cm
1 kleiner Ast, der durch das Loch im Boden des Blumentopfes passt
1 Stück Kordel
100 g Rindertalg oder Kokosfett
150 g Futtermischung, bestehend aus Sonnenblumenkernen, körnigen Haferflocken, Nüssen (Wal-, Hasel- oder Erdnüsse)

GESCHENKE AUS DEM GARTEN

Geschenke aus Garten und Küche.

Es ist im Dezember immer wieder eine äußerst befriedigende Beschäftigung, aus den eingelagerten Kräutern des Sommers kleine Geschenke für die Familie oder für Freunde herzustellen. Bei der Verarbeitung steigt der Duft des Sommers in die Nase und dabei tauchen wieder fast vergessene Erinnerungen auf.
Zu wissen, dass die selbst hergestellten Kräutermischungen oder -pasten frei von unerwünschten Zusatzstoffen sind, kommt gut bei denjenigen an, die sich über so ein kleines Kräutergeschenk freuen dürfen.

Drei Kräuter- und Gewürzmischungen als Grundausstattung

Kräuter der Provence-Mischung

50 g Thymian
50 g Rosmarin
50 g Oregano
50 g Salbei
1 TL Lavendelblüten
1 TL Fenchelsamen
2 Lorbeerblätter

Alle Kräuter zusammen im Mixer zerkleinern.

Diese Kräutermischung eignet sich für die mediterrane Küche.

Bratkartoffelgewürz

50 g getrockneter Rosmarin
50 g getrockneter Majoran oder Oregano
2 TL Korianderkörner
1 Stück getrocknete Chilischote
2 TL Pfefferkörner, schwarz
1 TL Piment
1 halbe Muskatnuss

Die Pfefferkörner, Piment und Chilischote im Mörser zerkleinern. Die Muskatnuss reiben, die restlichen Zutaten dazugeben und alles noch mal in den Mixer geben. Sehr lecker schmeckt das Gewürz, wenn man noch 50 g getrocknete Röstzwiebeln hinzufügt.

Dieses Gewürz ist ein Allroundtalent. Damit würzt man nicht nur Bratkartoffeln, sondern auch Gemüseaufläufe, Eintöpfe, Soßen und vieles mehr.

50 g getrocknete Chilischoten
200 g grobes Meersalz

Chilisalz

Bei der Verarbeitung Einmalhandschuhe tragen und nicht mit den Händen an die Augen kommen! Grob zerkleinerte Chilis mit Meersalz im Mixer mahlen.

In alles, was scharf schmcken soll, kommt dieses Gewürzsalz.

Verpackungstipp

Die Gewürze werden in kleine, flache Gläser mit einem Fassungsvermögen von 50 ml gefüllt.

Die Namen der Gewürze auf ein buntes Klebeband schreiben und rund um das Glas kleben. Aus einem Kunststoff-Kartoffel- oder Zwiebelsäckchen ein Rechteck schneiden, das über die drei aufeinandergestapelten Gläser gezogen und oben zusammengebunden wird. Überhängendes Gewebe abschneiden. Ein Lorbeerblatt mit goldener Schrift dient als Namensschild.

Drei Kräutermischungen als Geschenk verpackt.

Rosmarin-Zitronen-Salz

50 g Rosmarinnadeln, frisch oder getrocknet
200 g Meersalz
abgeriebene Schale von 2 Bio-Zitronen

Alle Zutaten im Mixer fein zerkleinern. Die Mischung eignet sich zum Verfeinern von Butter und Streichkäse, zum Würzen von Ofenkartoffeln, Fisch, Geflügel und vielem mehr.

Rosmarin ist ein Kraut, das man das ganze Jahr über ernten kann. Sein Duft ist auch im Winter noch stark genug, um daraus köstliche Gewürze herzustellen.

Walnuss-Paprika-Paste

2 rote Paprikaschoten (300 g)
200 g Walnüsse
100 ml Olivenöl
Chilisalz (Rezept s. S. 218), Pfeffer
2 Knoblauchzehen, durchgepresst
abgeriebene Schale einer Bio-Zitrone

Die Paprikaschoten vierteln, mit einem Sparschäler schälen und die Zwischenwände und Kerne entfernen. In grobe Streifen schneiden und in wenig Olivenöl bei milder Hitze weich dünsten. Walnusskerne, Gewürze, Knoblauch und Zitronenschale dazugeben, alles im Mixer fein pürieren.

Pikante Walnuss-Paprika-Paste (links) und Rosmarin-Zitronen-Salz.

Salbei-Petersilien-Pesto

50 g Salbeiblätter
50 g Petersilie
2 EL gemahlene Walnusskerne
50 g geriebener Parmesan
1 Knoblauchzehe
Chilisalz und Pfeffer
abgeriebene Schale einer Bio-Zitrone
100 ml Olivenöl

Salbei-Petersilien-Pesto

Alle Zutaten in einen Mixer geben und fein pürieren. Schmeckt zu Nudeln und auf Baguette. Das Pesto hält sich 14 Tage im Kühlschrank. Alternativ können Sie auch nur die Kräuter, Gewürze und das Öl mischen, in ein Glas füllen und verschließen. Diese Paste hält sich monatelang im Kühlschrank. Erst kurz vor Gebrauch Nüsse, Käse, und Knoblauchzehe dazugeben.

Salbei ist nicht jedermanns Geschmack. Aber mischen Sie ihn einmal zusammen mit Petersilie – Sie werden begeistert sein. Salbeiblätter gibt es in der Regel das ganze Jahr über. Und wenn Sie im August Petersilie gepflanzt haben, steht auch sie im Dezember noch zur Verfügung.

Knusper-Kräcker

Käse-Cracker mit Rosmarin-Zitronen-Salz

Für die Cracker alle Zutaten für den Teig in eine Schüssel geben und mit den Händen zu einer homogenen Masse kneten.

Den fertigen Teig zwischen einer Silikon-Backmatte und Backpapier sehr dünn ausrollen. Das Teigrechteck mit dem Backpapier nach unten auf ein Blech legen, die Silikonmatte abziehen und den Teig mit Eiweiß bestreichen. Die Teigplatte wird vor dem Backen mit einem Pizzaroller in kleine Rechtecke geschnitten und nach Belieben mit Samen oder Salz bestreut. Im vorgeheizten Backofen 12 – 15 Minuten bei 180° C (Gas Stufe 3, Umluft 160° C) backen: Die Cracker sollen knusprig und hellbraun werden.

Dazu passt hervorragend die Walnuss-Paprika-Paste (Rezept s. S. 219

Ergibt 64 Cracker

Für den Teig:

200 g frisch gemahlenes Dinkelmehl (oder halb und halb mit Weizenmehl Typ 405 gemischt)
40 g frisch geriebener Parmesankäse
1/2 TL Rosmarin-Zitronen-Salz (Rezept s. S. 219)s
2 frisch gepresste Knoblauchzehen
1 EL Olivenöl
100 ml Sahne

Zum Bestreuen:

1 Eiweiß
Nach Belieben: Rosmarinsalz, Fleur de Sel, Mohn, Sesamsamen oder gemahlene Kürbiskerne

Walnussmarzipan-Pralinen

Ergibt 30 Stück
150 g Walnüsse
150 g Puderzucker
2 EL Rosenwasser
100 g Halbbitterkuvertüre
30 halbe Walnüsse

Walnussmarzipan-Pralinen

Walnüsse sehr fein mahlen. Mit Puderzucker und Rosenwasser zu Marzipan verarbeiten. Wenn die Masse zu fest wird, vorsichtig noch etwas Wasser zugeben. Längliche Pralinen daraus formen. Kuvertüre im Wasserbad erhitzen und die Walnussmarzipan-Pralinen darin eintauchen. Auf Backpapier trocknen lassen, dann in ein Glas füllen und kühl aufbewahren.

Gartenteemischung

Oft tragen die Ringelblumen auch noch im November oder Dezember schöne Blüten. Diese kann man noch sammeln und an einem warmen Ort trocknen. Mit ihrem Sonnengelb bringen sie frische Farbe in jede winterliche Teemischung.

50 g Zitronenverbenenblätter, getrocknet
50 g Zitronengras, getrocknet
50 g Minze, getrocknet
20 g Ringelblumenblüten, getrocknet
50 g getrocknete Apfelscheiben

Alle Zutaten grob zerkleinern.
Pro Tasse je einen TL der Mischung mit heißem Wasser (80° C) übergießen. 10 Minuten ziehen lassen.

Tipp:

Der Tee kann durch gesammelte und getrocknete Wildbeeren wie z. B. Weißdorn, Berberitzen oder Holunderbeeren ergänzt werden. Weißdorn muss vorher im Mörser angestoßen werden.

INDEX

nke!

danken möchte ich mich ganz besonders bei meinem Mann Werner, der mir geduldig mit t und Tat zur Seite stand und während der Zeit des Schreibens viele meiner alltäglichen Aufben übernahm.

i meiner Verlegerin Angelika Schulz-Parthu, die mir die Möglichkeit bot, dieses Buch zu reiben und zusammen mit Ursula S. Kosa Tag und Nacht daran feilte, bis endlich die jetzige ssung vorlag.

i meiner Freundin Monika Heilhecker-Winkler, die in meinem Garten viel für dieses Buch ografiert hat.

i meinen Töchtern, Mareike und Lisa, die lange auf meine Hilfe verzichten mussten. Und bei , die sich als Fotomodell zur Verfügung stellte.

nz besonderen Dank an meine fünf Enkel Paulina, Nelly, Elena, Jonathan und Marlene, die Garten geholfen haben, Probe gegessen haben, sich bereitwillig fotografieren ließen und luldig darauf warteten, dass das Buch endlich fertig werden würde.

Anne Rahn, März 2015

Sie kochen gerne? Dann haben wir richtig interessante Bücher für Sie!

Pfälzer Tapas

Lassen Sie sich überraschen von Gebratenen Saumagenwürfeln mit einer scharfen Tomaten-Salsa, Kürbis-Frittata, von einer Pfälzer Quiche mit grünem Spargel, von Pufferchen aus Zucchini mit geräucherter Forelle oder einer Kastaniencreme auf Dornfelderkirschen oder Mini-Flammkuchen und entdecken Sie, was allen Rezepten gemeinsam ist: Die köstlichen Kleinigkeiten sind ein Gute-Laune-Versprechen und eine Einladung zum Genuss! **Tapas – in Spanien erfunden, in die Pfalz importiert!**

Gina Greifenstein: Pfälzer Tapas, ISBN 978-3-942291-78-1, 128 S., Klappenbroschur, 12,90 €

Unsere Krimi-Anthologie zum Thema Essen:

Weck, Worscht – Mord!

Nein, es geht nicht nur um ‚Weck, Worscht un Woi'! Sondern auch um Leberklöße, Brezeln, Dibbehas, Backesgrumbeern, um Weckschnitte mit Woisooß und um Dreizackweck und und und. 15 Autorinnen und Autoren tischen rheinhessische Gerichte mörderisch gut auf und bringen ihre Opfer mit größter Raffinesse unter die Erde. Zum Ausgleich liefern sie die köstlichen Rezepte gleich mit – denn: Selbst gekocht sind sie in jedem Falle völlig unbedenklich ...

Antje Fries, Angelika Schulz-Parthu (Hg.):
Weck, Worscht – Mord, ISBN 978-3-942291-33-0,
200 S., Broschur, 9,90 €

Lust auf Blutwurst

Endlich wird die eingeschworene Gemeinde der Blutwurst-Fans ernst genommen! Denn Herbert Michel und Gina Greifenstein haben das einzige Blutwurst-Kochbuch geschrieben.

Mit 64 Rezepten, die aus unentschlossenen Blutwurstgegnern glühende Blutwurstliebhaber machen werden: Von drei Versionen für Himmel und Erd über eine Blutwurst-Lasagne, je zweimal Blutwurst-Crostini und Blutwurst-Carpaccio, jede Menge Salate, einer Blutwurst-Pannacotta bis hin zu Blutwurst-Muffins.

Herbert Michel, Gina Greifenstein: Lust auf Blutwurst, ISBN 978-3-942291-87-3, 139 S., Klappenbroschur, 13,90 €

Unsere Weinkrimis von Andreas Wagner, dem einzigen Winzer unter den Krimiautoren:

Vatertag. Ein Krimi

Der angesehene Bauunternehmer Viktor Reichwein verschwindet spurlos. Auch nach einer Woche kein Lebenszeichen von ihm, und der Nieder-Olmer Bezirkspolizist Paul Kendzierski beginnt zu ermitteln. „*Eine gelungene Cuvée von Weinkunde und Kriminalgeschichte, geschrieben mit Sachverstand und der Erfahrung harter Arbeit im Weinberg.*" (STERN)

Andreas Wagner, Vatertag. Ein Krimi
ISBN 978-3-942291-83-5, 256 S., Broschur, 9,90 €
E-Book ISBN 978-3-942291-84-2, 8,99 €

LEINPFAD VERLAG

Leinpfad Verlag. ***Der kleine Verlag mit dem großen regionalen Programm!***
Leinpfad Verlag, Leinpfad 5, 55218 Ingelheim
Tel. 06132/8369, Fax 896951, www.leinpfadverlag.com, info@leinpfadverlag.de
Wir schicken Ihnen gerne unser Programm